これからを生きる心理学

「出会い」と「かかわり」のワークブック

川瀬正裕・松本真理子・丹治光浩［著］
Kawase Masahiro, Matsumoto Mariko & Tanji Mitsuhiro

ナカニシヤ出版

まえがき

「自分さがし」ということ

　本書は1993年に初版発行し，途中改訂を加えて計20刷と多くの方に読んでいただいた「新・自分さがしの心理学」が土台になっています。この本を刊行した当初「自分さがし」という言葉は目新しく，アイデンティティという概念も今ほど一般的ではありませんでした。しかしこの10年の間に「自分さがし」という言葉はさまざまな場面で用いられるようになってきました。

　「自分を知り，自分らしく生きる」ことはアイデンティティや個の尊重を肯定する現代社会において，確かに重要なテーマだと思います。しかし「自分とは？　自分らしく生きるとは？」という問いに答えを出せずに悩み，あるいは「自分らしく」行動した結果，他者との関係に悩む青年が存在するのもまた事実のような気がします。

「人と人との間に生きる」ということ

　情報社会の進歩とともに生身の人間関係は希薄化し，今や人は一人でも生きられるかのような錯覚さえ起こしかねない状況にあります。しかし人間が「人間」として生きられるのは「人と人との間でこそ」であることはいつの時代にも変わらないと信じたいものです。

　そして「自分らしさ」とは，実はそうした生身の「人と人との間に生きること」の体験のなかからこそ，真に見えてくるものではないでしょうか。

本書のねらい

　本書のねらいの基本は「自分さがしの心理学」と同じく「自分とは？　自分らしく生きるとは？」といった問いかけに向き合うことにあります。

　そのために，これまでのさまざまな他者との「出会い」や「かかわり」をふりかえり，「自己と出会う」ことをめざします。そして最終章では，未来に向けて「自分らしい生き方」を設計できるような構成としました。

本書の読み方

　読み始める前に，目次の次にある「私の人生設計―その1」をやってみてください。このワークは本書の最終章である第Ⅲ部第4章に，その2として掲載されています。本書を読み終えた結果，あなたの人生設計がどの程度具体的にあるいは明確なものとなったのかについて，ふりかえってみてください。

　本書は大きく3部構成になっています。各部の最初には心理学の概論がまとめてあります。各部は4～5章からなるワークブック形式の章立てとなっています。各章は以下のような形式になっています。

基礎知識　テーマに関連する心理学の理論的背景がわかりやすくまとめてあります。

やってみよう　自己理解を深めるためのワークが用意されています。

結果の整理とふりかえり　ワークの結果の整理と解説がまとめてありますので，それにそって自己理解を深め，ふりかえりの項では新たに気づいた自分を書き留めておいてください。

　また本書には「メンタルヘルスのページ」と「トピックス」がいくつか挿入されています。ここでは現代の「青年」において関係の深い，心の問題や社会的問題などを取り上げています。関心のある方はぜひお読みください。

　「自分さがしの心理学」と同様，自己理解をめざす社会人や学生が心理学の基礎知識を勉強しながら自分自身で取り組んでできるようになっていますが，大学などのテキストとしても活用していただけるものと思います。また本書は「自分らしい生き方」の設計を最後の目標としていることからキャリア開発などのテキストとしても活用できると思います。

　今回の刊行に際して，資料を提供してくださった先生方に深く感謝いたします。また，挿絵として素晴らしい墨蹟を提供していただいた花園大学学長阿部浩三老師に感謝いたします。最後にナカニシヤ出版の宍倉由高編集長には，企画の段階から辛抱強く励ましの言葉やご指導いただきました。この場をお借りして深く感謝いたします。

2008年3月

著者一同

目次

まえがき　1

第Ⅰ部　自己と出会う──自己と向き合うことでみえる自分 …………… 7

　概　論　　パーソナリティの心理　8
　第1章　　パーソナリティをみる　－パーソナリティ検査法－　12
　第2章　　心のなりたち　－交流分析とエゴグラム－　21
　第3章　　無意識のはたらき　－夢とコンプレックス－　29
　第4章　　自己をみつめる　－自己評価－　35
　第5章　　自己をつかむ　－自我同一性－　45
　＊メンタルヘルスのページ　　「パーソナリティ障害」　56
　＊メンタルヘルスのページ　　「同一性障害」　57

第Ⅱ部　他者とかかわる──かかわることで発見する自分 ……………… 59

　概　論　　対人関係の心理　60
　第1章　　私の子ども時代　－乳幼児期と母子関係－　64
　第2章　　対人関係をふりかえる　－対人地図－　71
　第3章　　対人態度を知る　－基本的対人態度－　79
　第4章　　人とのかかわり方　－社会的スキル－　87
　第5章　　私の友人関係　－異性とかかわる，同性とかかわる－　96
　＊メンタルヘルスのページ　　「虐　待」　107

第Ⅲ部　未来との出会いとかかわり
──社会と出会いかかわり合うことでみえる未来 …………… 109

　概　論　　現代における青年の課題　　110
　第1章　　社会とのかかわりと帰属意識　　113
　第2章　　想像力と創造力　　122
　第3章　　職業選択　　129
　第4章　　自分の将来イメージ　　138
　　＊メンタルヘルスのページ　　「ニート（NEET）」　　147

　トピックス1.「コンピュータ社会と精神病理」　　44
　　　　　　2.「学校教育と家庭教育」　　58
　　　　　　3.「不登校の変遷」　　78
　　　　　　4.「少年非行」　　95
　　　　　　5.「介護と家族」　　121
　　　　　　6.「人生のパートナーと家族のシナリオ」　　148

　索　引　　151
　あとがき　　153

私の人生設計―その1

左端の項目は人生を考える際に大切な側面です。各年代において自分はどんな人生を歩みたいのかを考えて、空欄を埋めてみて下さい。どの程度埋めることができるでしょうか。

年　月　日　氏名

年代	現在	20代前半・後半	30代前半・後半	40代前半・後半	50代前半・後半	60代・70代
就職・進路						
親との関係―子どもとしての自分―						
職業人としての自分						
恋愛・結婚						
パートナーとしての自分						
子どもの誕生・子育て―親としての自分―						
一個人としての自分						
その他						

第Ⅰ部

自己と出会う
――自己と向き合うことでみえる自分――

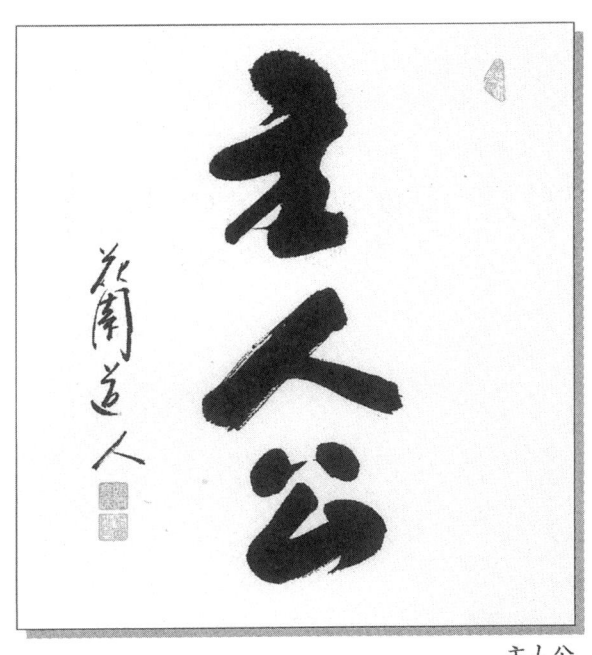

主人公

〈概論〉 パーソナリティの心理

パーソナリティとは

　パーソナリティ（personality）は一般的には人格と邦訳されますが，最近ではパーソナリティとそのまま使われることが多くなっています。このパーソナリティという語はラテン語の「ペルソナ」に由来し，演劇で役者のつける仮面を意味していました。

　さてパーソナリティの定義については学者によりさまざまな定義がなされていますが，オルポート（Allport, G. W., 1937）の「パーソナリティとは精神身体的組織をもった個人内の力動的体制であって，環境に対する独自の適応を決定するものである」という定義は有名です。すなわちパーソナリティとは環境に対する適応機能の全体的特徴であり，独自性と統一性をもった包括的な概念といえるでしょう。

　ところで心理学には性格（character）という用語もあります。厳密にいうと，性格はパーソナリティの感情的・意志的側面を強調し，パーソナリティは知能・興味・態度・価値観などを含めた全体的特徴を強調しているといわれますが，実際には同義に用いられることも多いといえます。

パーソナリティの理解

1. 類型論

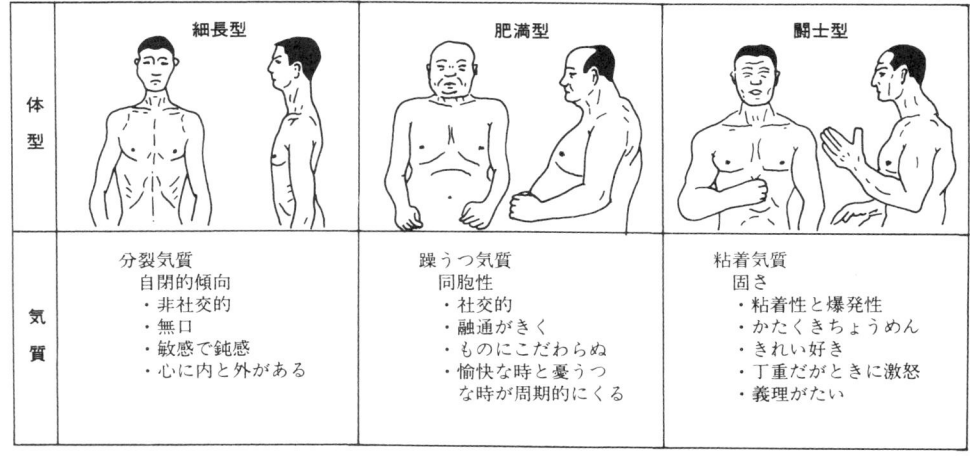

図1　クレッチマーの類型論

類型論とは，ある類似性によって多様なパーソナリティをいくつかの型に分類して理解しようとする立場です。類型論の長所は，「何型である」ということでパーソナリティの全体像を容易に把握できることですが，一方では多様なパーソナリティを少数の型に分類してしまうために中間型や移行型が見落とされやすいといった欠点があります。

(1) クレッチマー（Kretschmer, E., 1921）の類型論：精神科医のクレッチマーは精神病の型と体型を調べるうちに，体型と気質には一定の関係があることを発見しました（図1）。

(2) ユング（Jung, C. G., 1921）の心理学的タイプ論：ユングは根本的態度の2類型と心理的機能の4類型を組み合わせてパーソナリティに8つの類型を考えました。根本的態度とは，パーソナリティの基本となる態度で，「内向性（外的状況よりも自らの知覚や認識が行動の基準となる）−外向性（行動が外的状況に依存し，自分の態度は客体を基準として決定される）」に分けられる先天的素質です。また心理的機能とは，意識の特性で思考−感情機能，直観−感覚機能の4つの機能があります。

表1　ユングのパーソナリティ類型

内向的思考タイプ	外的状況よりも自らの見解を重視するタイプで独創性に富むが，この傾向が強すぎると非現実的になる場合もある。
内向的感情タイプ	内的な感情が強く芸術家タイプである。
内向的直観タイプ	内的なひらめきを重視するタイプで，そのため周囲からはなかなか受け入れられないこともある。
内向的感覚タイプ	独自の内的感覚を重視するタイプで，内向的直観タイプと同様に，外界における適応が難しい場合もある。
外向的思考タイプ	外的事象を客観的に理解しようとするタイプ。
外向的感情タイプ	外的価値観を受け入れながらかつ自らの感情の快不快で行動するタイプ。
外向的直観タイプ	新しい可能性を求めて行動するタイプ。
外向的感覚タイプ	いわゆる現実主義で自らを外的状況に合わせていくタイプ。

2. 特　性　論

特性論とは，社交性，神経質などの特性の組み合わせによってパーソナリティを理解しようとする立場です。特性論ではパーソナリティをかなり詳細に把握することができるのが長所ですが，欠点としてパーソナリティの把握が寄木細工的で，全体像が把握しにくいといえます。

ギルフォード（Guilford, J. P., 1940）**の特性論**：ギルフォードはパーソナリティを構成する13の因子（特性）を見いだしました。この13特性のそれぞれの程度の総和がその人のパーソナリティを決定すると考え，YG性格検査（矢田部−ギルフォード性格検査，第Ⅰ部第1章参照）はこの中の12因子を基礎にした性格検査です。

3. 構造論

構造論とは，パーソナリティはいくつかの領域で構成されるある構造をもつと考える立場です。

フロイト（Freud, S.）の構造論：フロイトは心的装置という構造を考えました。すなわち心はエス（Es; イド id），自我（ego），超自我（superego）の三領域から成立するというものです（表2，図2）。

表2 フロイトの構造論

エ　ス	エスとは無意識の外にある"それ"という意味で無意識的なものの代表である。ここは身体よりとり入れられたエネルギーが貯蔵され，これをリビドー（libido）と呼ぶ。このリビドーは現実的な秩序や時間などの影響を受けることなく（一次過程），"〜がしたい""〜がほしい"といった欲求衝動の解放だけを求める（快感原則）ために，エスは「本能衝動の座」とも呼ばれる。
自　我	心の中心領域で外界と接触し，知覚，思考，判断，学習，記憶などの現実的思考（二次過程）が機能する。つまり外界を的確に把握し現実に適応する（現実原則）領域である。また外界とエスとの仲介をしてパーソナリティを統合する役割であることから「知性の座」とも呼ばれる。
超自我	幼児期の両親のしつけや社会的規範が内在化されてできる領域で，"〜してはいけない""〜しなくてはならない"といういわゆる良心である。つまり自我に対して道徳的判断を下す部分であるところから「良心の理想の座」とも呼ばれる。

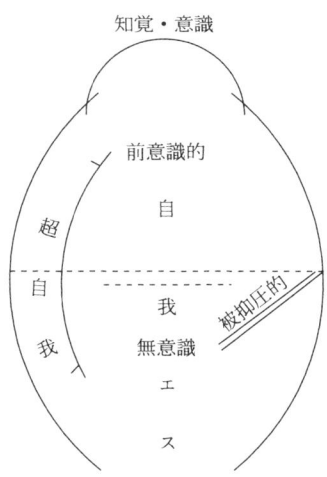

図2　心的装置

防衛機制

　私たちには，不安が生じた場合に精神的な安定を保つための心の働きがあります。フロイトはこれを防衛機制と呼びました。個人によってよく用いられる防衛機制は異なりますが，ここでは代表的なものを紹介します（表3）。

表3　主な防衛機制

抑圧（repression）	不安や苦痛の原因となる欲求や感情などを無意識のなかに抑え込むこと。防衛機制の基礎となる。
投影（投射 projection）	抑圧された感情や欲求を他人のものとみなすこと。たとえば子どもが一流大学に入りたがっていると思い込んでいる教育ママは，実は自分のかなえられなかった欲求を子どもに投射している場合。
同一化（identification）	自分がある対象と似てくるようになること。たとえば尊敬する先輩に態度や言葉づかいが似てくる場合。
反動形成（reaction formation）	ある欲求が行動化されないようにそれと正反対のことをすること。たとえば憎しみをもつ相手に対して逆に親しげに接近する場合。
退行（regression）	早期の発達段階へと後戻りすること。たとえば排泄自立した子どもが弟が生まれたとたんにおねしょをするようになる場合。
合理化（rationalization）	自分の失敗を認められず，何らかの口実を作るなどして正当化すること。
昇華（sublimation）	直接的に表現すると不都合を生ずる欲求や感情を社会的に認められた形で表現すること。たとえば青年期にスポーツに打ち込むのは性欲や攻撃性の昇華であるといわれる。
知性化（intellectualization）	抑圧されている欲求や感情を知的に客観化すること。たとえば自分の病気に不安をもつ人が医学書を読みふける場合。

引用文献・参考文献

Allport, G. W.　1937　*Personality: A Psychological Interpretation.* New York: Holt, Rinehart, & Winston.
Jung, C. G.　1921　*Psychologische Typen.*
川瀬正裕・松本真理子・松本英夫　2006　心とかかわれる臨床心理［第2版］―基礎・実際・社会―　ナカニシヤ出版
Kretschmer, E.　1921　*Körparbau und Charakter.* Berlin: Springer.

1 パーソナリティをみる ―パーソナリティ検査法―

　みなさんは自分について知りたいと思ったことはありませんか？　自分の性格や人からどう見られているかについてまったく無関心，という人はおそらく少ないでしょう。ファッション雑誌の性格に関する記事の多さや，本屋の一角を占める性格コーナーなどが「自分を知りたい」人の多さを物語っているといえます。

　さて気楽で簡単に性格を知る方法の代表が血液型でしょう。みなさんも友達との会話のなかで「あなた血液型Ｂ型でしょう？」「ウッソーＡ型なんて信じられない！」などという会話をしたことはありませんか？　ある調査によると多くの青年が血液型と性格の関係を信じているそうです。

　この血液型気質論は1927年に古川竹二という学者によって発表されたものです。それによるとＡ型は内向的，温順，神経質傾向，Ｂ型は気軽で社交的，あっさりした性格，Ｏ型は意志が強く感情に動かされない性格，ＡＢ型は外面はＢ型で内面はＡ型ということです。しかし残念ながら，現在では血液型と性格の間に相関はないといわれています。

　では性格を知るにはどんな方法があるのでしょうか。たとえば「実のなる木」を描いてもらい，描かれた木から性格を把握する方法があります。紙のどこに描いたか，木の形態は，実はなっているのか，などから解釈するのです。これは，「投影法」と呼ばれる方法の1つで，性格はいつのまにかいろいろなものに鏡のように映し出されることを利用したものです。

　さあ，本章では実際に心理学で用いられている性格理解のための心理検査について学んでみましょう。

基　礎　知　識

パーソナリティ検査法と呼ばれる心理検査は大きく3つに分けることができます。

質 問 紙 法

　性格に関するいくつかの質問項目に対して「はい」「いいえ」「どちらでもない」などで自己評定し，それによって被検者の性格特徴を把握する方法です。この方法によると意識的なレベルでの性格を把握することができます。

　この方法の利点は，多数の人を集団で検査することができ，かつ採点も容易で客観的な結果が得られるということです。しかし，被検者が質問に対して正直に答えていなければその結果は信頼性の乏しいものとなってしまいます。つまり意識的に回答を操作することができるというのがこの方法の欠点なのです。

　質問紙法による性格検査には多くの種類がありますが，その中でも矢田部－ギルフォード性格検査（YG性格検査）は比較的よく用いられるものです。これは情緒的不安定性，社会的不適応，活動性，衝動性，内省性や主導性について120項目の質問から把握するものです（図1-1）。

図1-1　矢田部－ギルフォード性格検査のプロフィール

投 影 法

ある一定のあいまいな刺激に対して,被検者がどのように反応するかによって,性格を把握する方法です。この方法は,人格のより深層の部分,つまり無意識的なレベルでの把握が可能です。

この方法の利点は被検者は自分の反応のもつ意味がはっきりしないために,不当な緊張感や意識的操作をすることなく,知らず知らずのうちに性格を「投影」することができることです。また他の検査では把握できない無意識的な欲求などを把握することもできます。しかし,欠点としては,他の検査法のように結果の解釈が容易ではなく,かなりの熟練と技術が必要であり,また解釈に検査者の主観が入りやすいことがあげられます。

代表的な投影法を以下に簡単に紹介しましょう。

ロールシャッハ・テスト（図1-2：模擬図版で,実際に検査に用いる図版とは異なる）

ロールシャッハ（Rorschach, H.）の考案した検査で,左右対称のインクのシミでできた10枚の図版を提示し,それが何に見えるかという反応から性格を把握するものです。

TAT（Thematic Apperception Test　主題統覚検査　図1-3：模擬図版で,実際に検査に用いる図版とは異なる）

マレー（Murray, H. A.）によって考案された検査で,主題のあいまいな絵を提示して,自由に物語を作らせその物語を分析することにより性格を把握するものです。

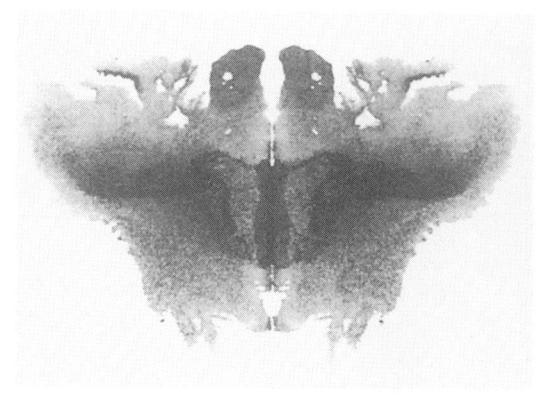

図1-2　ロールシャッハ・テスト（模擬図版）

図1-3　TAT（模擬図版）

P-Fスタディ（Picture-Frustration Study　絵画欲求不満テスト　図1-4：模擬図版で,実際に検査に用いる図版とは異なる）

ローゼンツヴァイク（Rosenzweig, S.）によって考案された検査です。日常的なフラストレーション場面の漫画が描かれており,話しかけられている人の立場にたってどのように答えるかを記入するものです。その対応の内容からフラストレーションに対する反応の型を分析す

るものです。

SCT（Sentence Completion Test　文章完成法）

「子どもの頃私は……」「私の母は……」などの，未完成な文章を提示し，被検者がそれに文章を続けて完成させる方法です。その文章の内容から能力，性格，価値観，態度や適応状態などを把握します。

バウム・テスト（Baum Test　樹木画テスト　図1-5）

描画による投影法の1つで，白紙に鉛筆で「実のなる木を描いてください」と教示します。描かれた木の画面上の位置，運筆の特徴や木の種々の特徴から性格を把握するものです。この他にも描画検査には，DAP（Draw A Person Test　人物画テスト），KFD（Kinetic Family Drawing　動的家族画）など多くあります。

図1-4　P-Fスタディ（模擬図版）

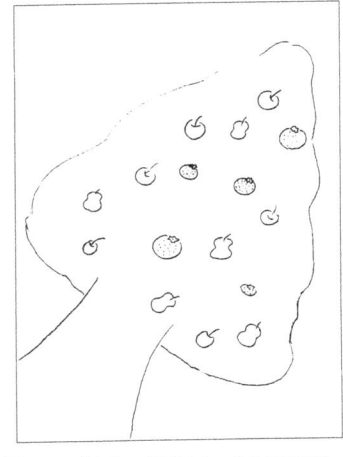

図1-5　バウム・テスト（14歳女児不登校）

作業検査法

簡単な作業をさせ，その作業の過程や結果から性格を把握する方法です。この方法によると行動的なレベルでの性格を把握することができます。

この方法の利点は質問紙法とは異なり，意識的な操作がしにくいことがあげられますが，一方欠点としては，時間がかかることがあります。

この方法の代表的検査として内田・クレペリン精神作業検査があります。これは隣り合った数字を連続して加算し，その結果得られる作業曲線のプロフィールから判定を行なうものです。

以上のようにさまざまな人格検査がありますが，多面的で複雑な私たちのパーソナリティを把握するには単一の検査のみではとても不可能です。そこで臨床場面では把握したい性格の側面に合わせていくつかの検査法を組み合わせて使用します。これを「テスト・バッテリー」と呼びます。1つの検査から知ることができるのはパーソナリティのほんの一側面であることを

忘れずに，自己理解の一手段として利用することが大切です。

やってみよう！ —TST—

以下の「私は，」に続く文章を，自由に思いつくままに記入してください（頭に浮かんだことをそのまま簡単な文章で記入していってください）。

1. 私は，
2. 私は，
3. 私は，
4. 私は，
5. 私は，
6. 私は，
7. 私は，
8. 私は，
9. 私は，
10. 私は，
11. 私は，
12. 私は，
13. 私は，
14. 私は，
15. 私は，
16. 私は，
17. 私は，
18. 私は，
19. 私は，
20. 私は，

18　第Ⅰ部　自己と出会う

結果の整理とふりかえり

Ⅰ．結果の整理

どうでしたか？　20問も，「私は，……」と続いて途中で書くことがなくなってしまったという人もいるでしょう。

これはSCT（文章完成法）の中のTST（Twenty Statements Test：20答法）と呼ばれるものです。クーン（Kuhn, M. H.）が1954年に開発した検査で，20回の「私は誰だろうか？－Who（What）am I?」という自分自身への問いかけをするために「Who（What）am I Test」とも呼ばれています。価値観や自己評価など被検者の自己像を把握することができます。

では以下に沿って分析してみましょう。

(1) 20問のうちいくつ記述できましたか？　□個

(2) 記述内容を分析しましょう。

　　1) 外面的・表面的特徴に関する記述　□個
　　　　身体的特徴　－「太っています」など
　　　　持ち物　　　－「～を持っています」など
　　　　居住地　　　－「～に住んでいます」など
　　　　嗜好・趣味　－「～が好きです」など
　　　　その他　　　－「女性です」「学生です」などの客観的・社会的属性

　　2) 心理的特徴に関する記述　□個
　　　　対人関係　　－「友人は多いほうです」など
　　　　生活態度　　－「毎日充実しています」など
　　　　性格　　　　－「神経質です」など
　　　　自己評価　　－「皆より劣っています」など
　　　　その他　　　－「親とよくけんかします」「悩みが多いです」などの自己の内面に関する
　　　　　　　　　　　記述

(3) 感情の分析をしましょう。

　　内容に付加された感情を以下の4つに分類してみてください。

　　1) 中性感情（Nu）の記述　□個
　　　　客観的に事実が記述されているもの
　　2) 肯定感情（P）の記述　□個

　　　　内容に肯定的な感情が付加されているもの
　3）否定感情（N）の記述　　　　　　　個
　　　　内容に否定的な感情が付加されているもの
　4）両価感情（A）の記述　　　　　　　個
　　　　内容に肯定と否定の両方の感情が付加されているもの

Ⅱ．解　　説

1．記述数について

　山田（1989）の研究では小学生（高学年）が平均19個，中学生が平均14個，高校生が平均17個，大学生が平均12個となっています。大学生が少なくなっていますが，桜木ら（1988）の看護学生の研究では1年から3年まで平均19個〜20個となっています。「私は誰か？」とじっくり自問自答することができたか否か，あるいは日頃から自己について内省したり，意識したりすることがあるかどうかが，記述数の多少に反映されるのかもしれませんね。

2．記述内容について

　記述内容は大きく分類すると外面的・表面的特徴と心理的特徴の2つに分類できます。山田は小学校から大学にかけて年齢とともに自己の外面的な特徴について記述する傾向が次第に弱まり，自己の内面的な特徴について記述する傾向が強まると報告しています。他の多くの研究でも年齢とともに自己の内面的記述が増加するといわれています。

　しかし，成人でも一般に最初の5，6問は外面的特徴を答えることが多いようです。つまり，まず社会的な自己を意識し，次第に自己の内面に目が向けられるというわけです。一方，最初から最後まで外面的特徴の記述に終始している場合には，自己の内面に目を向けることに対して防衛的になっている可能性も考えられます。

　みなさんも自分の記述から，自分は内面に強く目が向いているのか，あるいは社会的自己を強く意識しているのか分析してみてください。

3．感情の分析

　中性感情が多い場合，自分自身に対して感情的になることに防衛的であると考えられます。また肯定感情が多い場合，自己評価は肯定的で明るい性格の人が多いといえます。一方，否定感情が多い場合は逆に自己評価が低く，劣等感をもちやすい性格の人である可能性が考えられます。両価感情の多い人は自分に迷いが生じやすいといえるでしょう。

この「私は？」と自問する20答法を定期的に実施することで，自分自身で自己像の変化を把握することもできるでしょう。

Ⅲ．ふりかえり

・この章を終えて，あなたはどのような自分に気づきましたか。

・それはどのような結果によって気づきましたか。

引用文献
荒木紀幸　1987　わたしがわかるあなたがわかる心理学　ナカニシヤ出版
片口安史・早川幸夫　1989　構成的文章完成法（K-SCT）解説　日本総合愛育研究会
桜木幸枝他　1988　看護学生における自己概念の形成過程について　東海心理学会第37回大会論文集，31.
山田ゆかり　1989　青年期における自己概念の形成過程に関する研究―20答法での自己記述を手がかりとして―　心理学研究，60，245-252.

参考文献
安香　宏・田中富士夫・福島　章編　1991　臨床心理学大系5巻　人格の理解1　金子書房
星野　命　1986　20答法　詫摩武俊監修　鈴木乙史・清水弘司・松井　豊編　パッケージ性格の心理 6　性格の理解と把握　ブレーン出版　pp.169-185.
星野　命　1989　自叙伝法・20答法　星野　命編　性格心理学新講座第6巻　ケース研究―個性の形態と展開―　金子書房　pp.196-217.
村瀬孝雄・大塚義孝・安香　宏編　1991　臨床心理学大系6巻　人格の理解2　金子書房
岡堂哲雄監修　2005　臨床心理学入門事典　至文堂
川瀬正裕・松本真理子・松本英夫　2006　心とかかわる臨床心理［第2版］―基礎・実際・方法―　ナカニシヤ出版

2 心のなりたち ―交流分析とエゴグラム―

　よくマンガなどで主人公の頭のなかに，2人の自分が出てきて，言い争っているような表現が出てきたりします。自分のなかに2人の自分がいるというわけです。この時の一方はたいてい，なにか欲望を満たそうとする自己中心的な主張をし，もう一方はその欲望よりも，社会的規範を守ろうとする道徳とか倫理観を重んじる主張をします。私たちも実際の生活のなかで，自分自身のなかのこの2つの部分のぶつかり合いを感じることが多いものです。そのようなとき，私たちのこころはどのような動きをしているのでしょうか。

　こういった心の動きについて，精神分析の創始者であるS．フロイト（Freud, S.）は，概論で説明したように，「イド」と「超自我」，そして「自我」といった機能を想定して精神構造を理論化しました。

　フロイトの理論では「自我」が心全体のまとめ役のように想定されていて，とても重要な機能をもっているとされています。もちろん，その人が過去にどのような体験をして，「イド」がどのような欲求をもっているのか，どのような「超自我」が取り入れられているのか，したがってどのような葛藤があるのか，によっても，その人の人格は異なってくるのですが，まとめ役の「自我」がどのような状態であるのかによって，行動としてあらわれるところでは大きく違いを見せるようになります。

　フロイトとはやや違った視点から「自我」の働きを研究した理論に交流分析があります。この理論は精神構造だけではなく，対人関係のパターンの分析を目的としたものですが，この章では，自分の自我の状態の傾向を知ることを目的にこの理論をみてみましょう。

基礎知識

アメリカの精神科医バーン（Berne, E.）は，1950年代中頃から交流分析という理論を提唱し始めました。交流分析とは対人関係で起こっている交流のパターンを分析する方法です。

5つの自我状態

交流分析理論では，図2-1のように自我の状態を3つの層に分け，さらに親と子どもを2つに分け都合5つに分類しています。

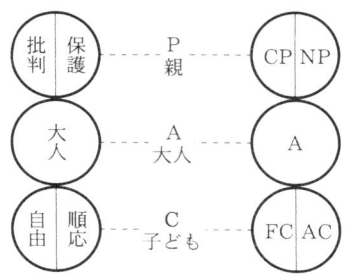

図2-1　自我状態（杉田，1987）

(1) P－親（Parent）の自我状態：幼い頃から自分を育ててくれた親またはその役割をとった人から取り入れた部分です。さらに親の自我状態は，2つに分けられます。

　　CP：　批判的親（Critical Parent）の状態。自分の考えや価値観を正しいものとしてそれを主張する部分です。良心，理想などと深く関連します。規則などを教える反面，支配的で命令調，ほめるよりも責める傾向が高くなります。

　　NP：　養育的親（Nurturing Parent）の状態。思いやり，同情，寛容さなどの部分で，人を励ましたり世話をする側面です。保護的でやさしいのですが，度がすぎると押しつけがましくなります。

(2) A－大人（Adult）の自我状態：客観的事実をもとにものごとを判断する部分です。感情に支配されず，合理的かつ論理的で冷静な機能で，知性や理性と深く関連します。

　こういった機能は必要不可欠ですが，この自我状態が必ずしも理想的という意味ではありません。あまりにこの部分が強いと，情緒的に乏しいパサパサした状態となってしまうでしょう。

(3) C－子ども（Child）の自我状態：生まれもった本能的な直観や情緒に深くかかわり，幼い頃に身につけた行動様式や感情の表現といえます。CもPと同様2つに分けられます。

　　FC：　自由な子ども（Free Child）の状態。親からのしつけの影響を受けない，本能的で

感覚的・創造的な側面です。道徳や社会規範にしばられず，快感を求めて苦痛や不快なことを避け，自己を開放して楽しむことができる反面，過度になると自己中心的であったり，軽率になってしまいます。

AC： 順応した子ども（Adapted Child）の状態。本来の自分の感情や欲求を抑えて，親などの期待にそおうとする，いわゆる「いい子」の部分です。イヤなことを「イヤ」と言えず，簡単に妥協してしまったり，自発性に欠ける傾向をもちます。この状態での感情は，あまり快適なものではありません。

交流分析のあらまし

　交流分析では私たちの対人的交流は，この5つの自我状態の間でやりとりがなされて展開しているとされています。そして，その交流のパターンを分析して，うまくゆかない原因を探ったり，どうすればよい方向に展開していくかを見いだして，そのための練習をし，よりよい社会生活に役立てようというのがねらいです。それらは以下の4つの手順で行なわれます。

　(1) **構造分析**：まず，個人の自我状態を前述のP・A・Cを用いて分析を行ないます。そして，自分の自我状態を認識できるように練習します。このときに用いられるのが，この章で行なうエゴグラムです。

　エゴグラムはデュセイ（Dusay, J. M., 1977）によってつくられたもので，当初は数量的ではなくイメージで描くものでしたが，いくつかのグループによって研究され，質問紙に答えることによって測定することができるようになりました。

　(2) **交流パターン分析**：これは，2人の間のコミュニケーションを分析するものです。2人の間に起こる交流が，お互いのどの自我状態での交流かを分析し，より円滑に交流できるようにしていくためのものです。

　(3) **ゲーム分析**：私たちの日常では，表面に表われているものとは異なる「裏の交流」が起こることがしばしばみられますが，そのなかで，特によくない結果を招くものを「ゲーム」と呼びます。ゲーム分析では，この裏で悪さをしているゲームを分析・理解することによって，人間関係を改善しようとします。

　(4) **脚本分析**：これは人生を1つの脚本とみなして，そこに表われる筋書きを分析するものです。このことによって，小さい頃から積み重ねられた親との交流を見直し，自分の人生を自分でコントロールすることをめざします。この脚本については，第Ⅲ部第4章に詳しく触れてあります。

やってみよう！ ―エゴグラム―

(1) まずエゴグラムを行なう前に，前項に述べられている5つの自我状態についての解説をよく読んで，自分の現在の状態について感じているままを次の手順にそって図2-2に棒グラフで書き込んでください。

①5つの自我状態のうち，自分がもっとも優位だと思うものについて，10点を平均として棒グラフで示してください。

②次にもっとも低いと思うものについて，同様に書き込んでください。

③その2つを基準にして，あとの自我状態について書き込んでください。

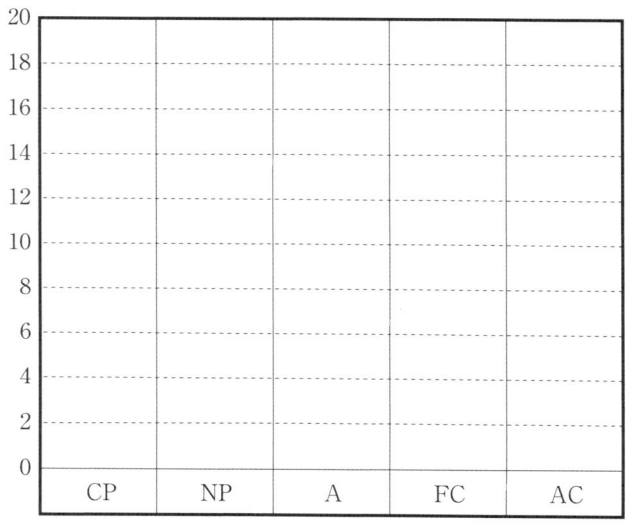

図2-2　エゴグラムの結果

(2) 次に以下に示すエゴグラムの各質問に答えてください。質問に対してそうだと思うものには○の欄に○を，違うと思うものには×の欄に×を，どちらでもないと思うものには△の欄に△をつけてください。ただし，できるだけ○か×で答えるようにしてください。

表2-1　エゴグラム（杉田，1987）

			○	△	×
CP	1	友人や子ども，または後輩が間違いをすると，すぐにとがめますか。			
	2	あなたは規則を守ることにきびしいほうですか。			
	3	最近の世の中は，子どもを甘やかしすぎていると思いますか。			
	4	あなたは礼儀，作法にうるさいほうですか。			
	5	人のことばをさえぎって，自分の考えを主張することがありますか。			
	6	自分を責任感のつよい人間だと思いますか。			
	7	小さな不正でも，うやむやにするのが嫌いですか。			
	8	「ダメじゃないか」「…しなくてはいけない」という言い方をよくしますか。			
	9	よい，わるいをはっきりさせないと気がすまないほうですか。			
	10	ときには子どもをスパルタ式にしつける必要があると思いますか。			
NP	11	人から道を聞かれたとき，親切に教えてあげますか。			
	12	頼られたらたいていのことは引き受けますか。			
	13	友人や家族に何か買ってあげることが好きですか。			
	14	子どもをよくほめたり，頭をなでたりするのが好きですか。			
	15	他人の世話をするのが好きなほうですか。			
	16	他人の欠点よりも，長所をみるほうですか。			
	17	人が幸福になるのを喜べますか。			
	18	子どもや友人または後輩の失敗に寛大ですか。			
	19	あなたは思いやりのあるほうだと思いますか。			
	20	経済的に余裕があれば交通遺児を引き取って育てたいと思いますか。			
A	21	あなたは感情的というよりも，理性的なほうですか。			
	22	何ごとも，情報を集めて冷静に判断するほうですか。			
	23	あなたは時間をうまく活用していますか。			
	24	仕事は能率的にテキパキと片づけていくほうですか。			
	25	あなたはいろいろな本をよく読むほうですか。			
	26	だれかを叱る前に，よく事情を調べますか。			
	27	ものごとは，その結果まで予測して，行動に移しますか。			
	28	何かするとき，自分にとって損か得かをよく考えますか。			
	29	体の調子が良くないときは，自重して無理をさけますか。			
	30	何かわからないことがあると，人に相談してうまく片づけますか。			
FC	31	うれしいときや悲しいときに，顔や動作にすぐ表しますか。			
	32	あなたは人の前で歌をうたうのが好きですか。			
	33	言いたいことを遠慮なく言うことができますか。			
	34	子どもがふざけたり，はしゃいだりするのを放っておけますか。			
	35	もともと，わがままな面がつよいですか。			
	36	あなたは好奇心がつよいほうですか。			
	37	子どもと一緒に，はめをはずして遊ぶことがありますか。			
	38	マンガの本や週刊誌を読んで楽しめますか。			
	39	「わあ」「すごい」「かっこいい」などの感嘆詞をよく使いますか。			
	40	遊びの雰囲気に楽にとけこめますか。			

			○	△	×
AC	41	あなたは遠慮がちで，消極的なほうですか。			
	42	思ったことを言えず，あとから後悔することがよくありますか。			
	43	無理をしてでも，他人からよく思われようと努めていますか。			
	44	あなたは劣等感がつよいほうですか。			
	45	あまりイイ子でいるため，いつか爆発するかもしれないと思いますか。			
	46	他人の顔色をみて，行動するようなところがありますか。			
	47	本当の自分の考えより，親や人の言うことに影響されやすいほうですか。			
	48	人からどう評価されるか，とても気にするほうですか。			
	49	イヤなことをイヤと言わずに，抑えてしまうことが多いほうですか。			
	50	内心では不安だが，表面では満足しているように振る舞いますか。			

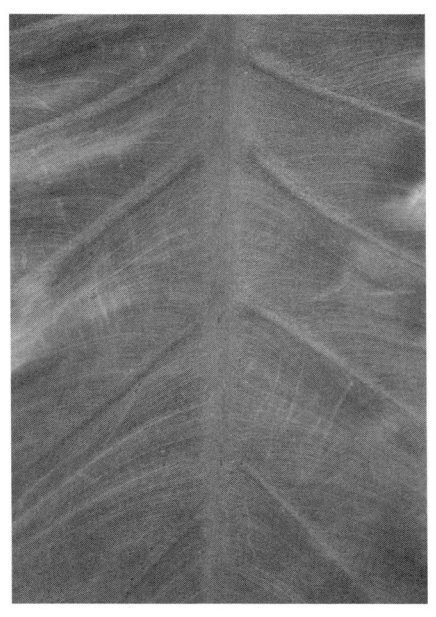

結果の整理とふりかえり

Ⅰ. 結果の整理

質問紙につけおわったら，○は2点，△は1点，×は0点として加算してCP，NP，A，FC，ACごとに得点を算出して，図2-2のグラフに赤鉛筆で折れ線グラフにして書き込んでください。

(1) どの自我状態がもっとも優位でしたか。

(2) どの自我状態がもっとも低かったですか。

(3) はじめの予想とのズレはどこにありましたか。

Ⅱ. 解　　　説

このグラフは，「どこが高いから良い」とか「悪い」とみるものではありません。自分の5つの側面のバランスを考えることがもっとも大切です。日頃の自分と照らし合わせて，この結果をふりかえってください。

そして，自分をよりよく変えていこうとするなら，高い得点の部分を下げるよりも低い得点の部分を上げていくような努力をするとよいでしょう。

たとえば，

CPが低い：いろいろな物事に対してきちんと意見を言ったり，批判する練習をする。
NPが低い：相手の気持ちを考えてみる。相手の良い面について関心を向けるようにする。
A が低い：順序立てて論理的に説明したり，考える練習をする。予測をたてて考える。
FCが低い：娯楽を楽しむ。自分の不快感に注意を払い，不快な場面には，できるだけ短時間しか接しないようにする。
ACが低い：話の聞き手になってみる。相手に従ってみる。

　　　　　　　　　　　　　　　　　　　　　　　　　　　　　　　　　　　などです。

これらは，ほんの一部の例です。いろいろ自分の生活にあった方法で取り組んでみてください。

III. ふりかえり

・この章を終えて,あなたはどのような自分に気づきましたか。

・それは,どのような結果によって気づきましたか。

引用文献
Dusay, J. M.　1977　*Egograms: How I See You and You See Me.* Harper & Row.（池見酉次郎訳　1980　エゴグラム　創元社）
杉田峰康　1987　交流分析　講座サイコセラピー8　日本文化科学社

参考文献
末松弘行・和田迪子・野村　忍・俵　里英子　1989　エゴグラム・パターン　金子書房
杉田峰康　1990　医師・ナースのための臨床交流分析入門　医歯薬出版

3
無意識のはたらき ―夢とコンプレックス―

　あなたは自分の行動をふりかえって「どうしてこんなことをしたのだろう」「どうして私はこういうふうに感じてしまうのだろう」と思ったことはありませんか。私たちは自分でもいろいろな判断や行動をしているのですが、その理由を考えたとき、案外思い当たることは少ないと思われます。

　「どうしてこの人を好きになったんだろう」「どうして今の仕事（学校）を選んだのだろう」「どうしてこの友だちとは仲良くできないのだろう」「どうして昨日言われたことがこんなに気になっているんだろう」「どうしていつも……」と考えていくと、自分のことなのに、袋小路に入っていくようにわからなくなっていってしまいます。

　こういった疑問にヒントを与えてくれるのが「無意識」の研究です。無意識という言葉は私たちも、日頃の会話の中でそれこそ無意識に使っています。その使い方はたいてい"思わず"とか"本能的に"とか"深く考えないで"といったような意味合いで使っているようです。反対に「意識」という言葉を使うときは"考えに入れて"とか"気にして"とか"わざと"といった意味となります。

　いずれにしても「意識」しているときは、その過程をあとからふりかえろうと思えば、それが可能な状態であるといえるでしょう。それに対して「無意識」という言葉を使うときは、ポッカリと穴が空いたかのように、その過程がつかめない状態といえるのではないでしょうか。

　その無意識のはたらきの重要性を指摘したのが、精神分析の創始者である S. フロイト（Freud, S.）です。フロイトは人間の行動を支配しているのは、意識ではなくて無意識の力によるものが大きいとして、その無意識の世界を知るための研究を積み重ねました。

　この章ではこの無意識の世界の一端に触れてみましょう。

基礎知識

無意識の発見

　フロイトは19世紀の終わり頃，神経症の患者の治療にあたっていて，無意識の存在に気がつきました。そして神経症の症状を出させているのは，この無意識の世界に抑圧されているものが影響して，そうさせているのだという理論を提唱しました。それが現在の精神分析の始まりといわれています。

　もちろん当時からも，そして現在でも，この見ることのできない無意識の存在に対して否定的な意見をもつ研究者は少なくありません。しかし，フロイト以降その流れを受け継いだ研究者たちの成果は，治療の現場だけでなく精神医学や心理学の分野で，無視することのできない存在となっています。

無意識を知る方法

　しかし，見ることのできない，したがって存在を証明することのできない無意識の世界をどうやって研究していけばよいのでしょう。フロイトは患者の埋もれた記憶を引き出す方法として，自由連想法を考えだしました。これは，長椅子の上に寝て，思いつくままに連想を話していく方法です。こうすることによって，意識の世界から締め出されていた経験が徐々に現われてくるというのです。そしてその内容をさまざまな精神分析理論を使って解釈することによって，その人の無意識の世界を整理し，そのあり方を理解しようとするのです。そのうえで，現実の行動を理解しようとすれば，意識の世界だけでは整理できなかったものが，それなりの形で理解できるようになるというのです。つまり，無意識の存在を認めてその世界を探ろうとすることは，個人のこころの動きを理解するときのひとつの視点や枠組みであって，それ以上でもそれ以下でもないといえます。

　ユング（Jung, C. G.）は，このフロイトの流れを汲みながら，途中から独自の理論を展開していきました。彼は特に無意識の働きに関する研究を大きく進歩させました。フロイトも行なっていた夢の分析にも独特の理論を用いて精力を注ぎました。

　フロイトは，夢にはその人の無意識の抑圧された欲求や不安などが象徴的に現われるとしています。また，ユングは夢にはその人の無意識の姿が物語のテーマとして現われるとしています。

コンプレックスとは

　またユングは，今日一般にもよく使われる「コンプレックス」という言葉を，現在用いられているような意味で使用した最初の人でもあります。ただし，今日日常的に「コンプレックス」というと"劣等感"の意味のように使われますが，ここでいう「コンプレックス」は若干異なります。

　ユングによると，コンプレックスとは無意識の世界に存在するある１つの感情によって色づけされた複合体となります。幼児期からの成長過程で受けた意識の世界には置いておきたくないようないやな感情体験などが核となって，その後の似たような感情体験がどんどん吸収されて，ある１つのまとまりをもつようになるというのです。このコンプレックスは，意識の機能の中心である自我の統制から外れて存在しており，その感情を刺激されるような事態になると，突如として頭をもたげて自我の統制を脅かすものとされています。したがってその現われ方は，意識のうえでは突然で，なぜ起こったかわからないようなことが多いと考えられます。

　このコンプレックスは誰でも大なり小なりもっているものですが，その存在は，普段は意識のうえには現われてきません。しかし，それなりの大きさをもってくると，自我が脅かされるわけですから，なんらかの防衛をしなければなりません。それが，自我の防衛機制です。自我の防衛機制については概論を参照してください。この防衛機制が，日常の１つひとつの行動だけではなく，職業の選択や性格の形成にも大きな影響を及ぼすことになります。

やってみよう！ —TAT—

　無意識の世界を知ることは技術的にも難しいうえに，普段は意識しないほうがその人にとって楽なことがらであることが多いので，あまり不用意に触れないほうがいい場合もあります。そのことを十分理解したうえで，取り組んでください。

　ここでは，第1章で説明した投影法の一種をやってみましょう。TATについて第1章で触れましたが，ここではその方法を簡略化して行なってみます。

（1）下の絵を見て，その絵がどういった絵なのかについて，なるべく詳しく登場人物の過去・現在・未来，登場人物の関係なども含んで想像して物語をつくってみてください。

（2）その内容を結果の整理に書き込んでください。

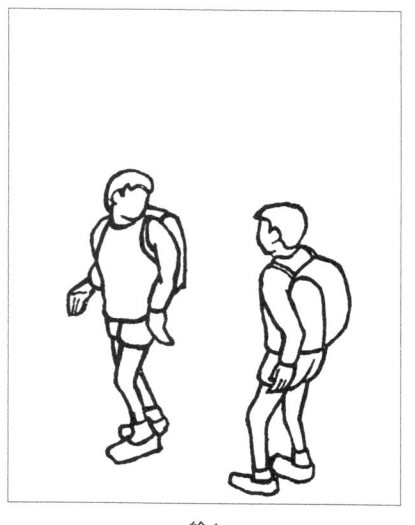
絵1

絵2

結果の整理とふりかえり

Ⅰ．結果の整理

(1) 絵1についての記述

(2) 絵2についての記述

Ⅱ．解　　説

　この絵は2つとも状況はあいまいな部分が残されています。あなたはその絵に対してどのようなイメージをもったでしょうか。自分の書き込んだ記述を何度も読んでみて以下の視点で分析してみてください。
(1) 全体の雰囲気はどうだったでしょうか。

(2) 表されている感情（おだやか・いらいら・さびしい・甘い・つらい・こわい・不安・怒り・悔しい・元気・のんびり・情けない・希望など）はどのようなものでしょう。

(3) 絵自体やあなたの記述から思い出されるあなたの体験はありますか。

　全体の雰囲気はあなたの現在の気分の調子によって変わってくるでしょう。また，そこに表されている感情は，この絵からあなたが刺激された，あなたの無意識の一部分であると考えられます。そこには，あなたの抱えているコンプレックスや欲求が投影されていると考えられます。

　しかし，あなたの記述そのものが直接無意識を説明しているわけではありません。自分の記述をながめながら感覚的にとらえてみてください。そして，この結果と日頃のあなたの感じ方や行動を比べてみてどのようなことがいえるか，考えてみてください。

　なかなかピンとくることは難しいかもしれません。もし，了解が得られれば，他の人の記述と比べてみたり，お互いの感想を述べあったりすることもわかりやすくする方法と思われますので試してみてください。

Ⅲ．ふりかえり

・この章を終えて，あなたはどのような自分に気づきましたか。

・それは，どのような結果によって気づきましたか。

参考文献
河合隼雄　1967　ユング心理学入門　培風館
織田尚生　1986　ユング心理学の実際　誠信書房

4 自分をみつめる ―自己評価―

　世の中には，人からうらやましがられるほどの社会的地位や財産・能力をもち合わせている人がいます。みなさんもそういう人を見て「いいなあ」「私もああだったら，しあわせだろうなあ」と思ったことがあるかもしれません。しかし，本当のところはどうでしょうか。

　ある一流企業の課長が神経科のクリニックを訪れました。この人は，同期のなかでも一番のスピード出世をして，社内の評価も高い人です。そのうえ，代々受け継いだ資産も豊かで，端から見ればそれこそうらやむばかりの人生のように見えます。しかし，前々からあった不安感・焦燥感と抑うつ感が最近になって特に強くなったというのです。その内容は「今の生活に不満があるわけではないのだが，与えられたことをこなしてきただけで，自分の能力で得たものではない。自分としてはもっとやるべきことがあるのではないかと思うが，何をしていいのかわからない。こんな自分が情けないと思う。いつも人の目を気にしてビクビクしている」といったものでした。

　つまり，周りからは高い評価を得ていても，自分自身のなかでの評価は逆になってしまっていたのです。この事例の課長さんは，知らず知らずに周囲から与えられる評価に合った自分でなければならないと思い込み，そのイメージと合わない実際の自分とを比較して「自分が情けない」と感じてしまっていました。彼は半年以上にわたるカウンセリングでそのことに気づき，立ち直っていきましたが，たいへん苦しんだようでした。

　こういった事例がある一方で，客観的には無駄に見えたり非合理的に見える行動に対しても，積極的に取り組んでいる人々も少なくありません。彼らは，合理性よりもその行動をすることに，また，その行動をする自分自身に価値を見いだしているのでしょう。外から見ると一見たいへんそうに見えても，実に生き生きとして充実した様子がうかがわれます。

　このように，私たちにとっては自分自身に対する評価が非常に重要な意味をもっていることがわかります。私たちは，常に自分自身との関係を切り離して忘れてしまうことはできませんし，なんらかの形で自分に対して価値を見いださないで安定して生活していくこともできません。では，この自分自身に対する評価について，どのようにとらえていったらよいのでしょうか。

基 礎 知 識

自己評価とは

　自分に対する自身の評価を自己評価といいます。自己評価は発達的にはかなり早期からの生活経験のなかで徐々に形づくられてきたものと考えられますが，特に母子関係を出発点とした対人関係や社会体験の影響を深く受けています。そして，どのような自己評価をもつかによって，社会生活の様相が違ってくるといえるでしょう。

　梶田（1988）は，自己評価の特性を次の4つの側面に分けています。

　①さまざまな自己評価的感覚や，意識・態度をもっとも基底において支えている基盤的な感情や感覚（自尊心，誇り，自己愛，など）。

　②自分の周囲にいる人や自分の内面で想定した人と，暗黙のうちに比較対照することで成立した自己評価的感覚や意識（優越感，劣等感，など）。

　③自分自身についての要求水準や，理想的自己のイメージに照らして自分の現状を見ることで成立した自己評価的感覚や意識（自己受容や自己満足，自己不信や自己への絶望，など）。

　④自己評価的な感覚や意識の外的な現れとしての態度や行動特性（積極性，自立性，自由奔放，また，消極性，引っ込み思案，依頼心，など）。

　そして，同じように「自信がある」という場合でも，これらのうちどの感覚を中核にしたものであるかによって，心理的な意味が違ってくるとしています。同じような自己評価でも，その自己評価がどのような基盤から形成されたものかによって，質が違ってくるというのです。つまり，自己評価は，単に「高いから良い」「低いから悪い」というだけのものではありません。その自己評価がどのような質のものかによって，私たちにとっての意味が違ってきます。

自己評価の高さと質

　表4-1にどのような基盤から形成されたかによって異なる内容を，高い自己評価と低い自己評価に分けてまとめました。

表4-1 自己評価の高さと質

自己評価	客観的で他者からの評価と一致	主観的で他者からの評価と不一致
高い	自信に満ちて，安定している。他者に対しても肯定的・親和的。	過大評価。非現実的な万能感。願望的で自己愛にしがみつく。他者に対して否定的。
低い	自信はないが，建設的方向につながりやすい。他者に対して，肯定的。	過小評価。欠点にとらわれる。自虐的。対人恐怖的。嫉みなどをもちやすい。

このように，客観的にいろいろな情報をもとに形成された自己評価は，他者からの評価と一致しやすく，仮に低くても，自分の欠点をも含んでの自己受容へとつながる可能性をもち，適応的に作用しますが，反対に高くても，自己の内閉した世界で築きあげられた自己評価は，不適応的に作用してしまいます。そしてこの点に関しては，幼い頃から両親や周囲の人から受容されて成長し，自分自身に対する安心感を得ることができたか，受容されることなく成長したために，基盤になる安心感を築けず，内閉的にならざるを得なかったかが深く影響すると考えられます。

こういった観点以外に，自己評価を，他者との関係が問題となる領域と，自分自身のあり方や能力などが問題になる領域とに分けてとらえることもできます。この観点は，自分の自己評価のあり方を考えるときに参考になると思います。実際に自己評価のリストを行なって，その結果を使って考えてみましょう。

やってみよう！ ―自己評価チェック・リスト―

　自己評価チェック・リストⅠには，自分の現在の状態を思い浮かべて，各質問に対して「とてもそう思う」「そう思う」「どちらでもない」「そう思わない」「まったくそう思わない」のうち，あてはまると思うものに○をつけてください。

　自己評価チェック・リストⅡには，自分の理想像を思い浮かべて，Ⅰと同じ要領で行なってください。

　自己評価チェック・リストⅢには，あなたをよく知っているともだちに，現実のあなたについて「あなただったらこうだろうなあ」と推測しながらつけてもらってください。要領は同じです。

自己評価チェック・リストⅠ

　　　　　　　　　　　　　　　　　　　とてもそう思う　そう思う　どちらでもない　そう思わない　まったくそう思わない

＊ 1. 生まれかわれたら別の人間になりたい。

　 2. 自分は人から頼りにされている。

　 3. 自分には人よりすぐれたところがある。

＊ 4. 人に批判されるとすぐに納得してしまう。

＊ 5. 失敗すると自分のせいだと思う。

＊ 6. 人からの評価が気になる。

　 7. 自分は主体的に行動することができる。

＊ 8. 人の目が気になってしまうことがある。

＊ 9. 自分がイヤになることがある。

　10. 人からバカにされることが我慢できない。

　11. 自分に自信がある。

＊12. 人の意見が気になって決断ができない。

＊13. 自分には思い出したくない面がある。

＊14. リーダー的役割は負担である。

＊15. 他の人をうらやましく思うことがある。

　16. 人とうまくつきあえるほうである。

　17. 今の自分に満足している。

　18. 話の聞き手よりも話し手になるほうが多い。

　19. 自分は努力すれば向上することができる。

　20. 自分は人の役に立つことができる人間だと思う。

＊21. 「このままではいけない」と思うことがある。

＊22. 人から嫌われるのではないかと心配だ。

　23. 自分には個性があると思う。

　24. 人前に出ても平気でいられる。

第Ⅰ部　自己と出会う

自己評価チェック・リストⅡ

とてもそう思う　そう思う　どちらでもない　そう思わない　まったくそう思わない

* 1. 生まれかわれたら別の人間になりたい。
 2. 自分は人から頼りにされている。
 3. 自分には人よりすぐれたところがある。
* 4. 人に批判されるとすぐに納得してしまう。
* 5. 失敗すると自分のせいだと思う。
* 6. 人からの評価が気になる。
 7. 自分は主体的に行動することができる。
* 8. 人の目が気になってしまうことがある。
* 9. 自分がイヤになることがある。
 10. 人からバカにされることが我慢できない。
 11. 自分に自信がある。
* 12. 人の意見が気になって決断ができない。
* 13. 自分には思い出したくない面がある。
* 14. リーダー的役割は負担である。
* 15. 他の人をうらやましく思うことがある。
 16. 人とうまくつきあえるほうである。
 17. 今の自分に満足している。
 18. 話の聞き手よりも話し手になるほうが多い。
 19. 自分は努力すれば向上することができる。
 20. 自分は人の役に立つことができる人間だと思う。
* 21. 「このままではいけない」と思うことがある。
* 22. 人から嫌われるのではないかと心配だ。
 23. 自分には個性があると思う。
 24. 人前に出ても平気でいられる。

自己評価チェック・リストⅢ

               とてもそう思う そう思う どちらでもない そう思わない まったくそう思わない

* 1. 生まれかわれたら別の人間になりたい。
2. 自分は人から頼りにされている。
3. 自分には人よりすぐれたところがある。
* 4. 人に批判されるとすぐに納得してしまう。
* 5. 失敗すると自分のせいだと思う。
* 6. 人からの評価が気になる。
7. 自分は主体的に行動することができる。
* 8. 人の目が気になってしまうことがある。
* 9. 自分がイヤになることがある。
10. 人からバカにされることが我慢できない。
11. 自分に自信がある。
* 12. 人の意見が気になって決断ができない。
* 13. 自分には思い出したくない面がある。
* 14. リーダー的役割は負担である。
* 15. 他の人をうらやましく思うことがある。
16. 人とうまくつきあえるほうである。
17. 今の自分に満足している。
18. 話の聞き手よりも話し手になるほうが多い。
19. 自分は努力すれば向上することができる。
20. 自分は人の役に立つことができる人間だと思う。
* 21. 「このままではいけない」と思うことがある。
* 22. 人から嫌われるのではないかと心配だ。
23. 自分には個性があると思う。
24. 人前に出ても平気でいられる。

結果の整理とふりかえり

Ⅰ．結果の整理

（1）質問項目番号が奇数のものと，偶数のものとを別々に集計します。「とてもそう思う」に○がついているものを5点，「そう思う」4点，以下3点，2点で，「まったくそう思わない」が1点として集計します。ただし，＊印がついているものは，逆転項目といって得点の配分を「まったくそう思わない」5点から，「とてもそう思う」1点まで逆にして集計してください。

（2）（1）の作業を現実自己・理想自己・他者評価のそれぞれについて行ないます。

（3）質問項目番号が奇数のものの結果は自己のあり方の領域に関連する項目で，偶数のものは対人関係の領域に関連する項目です。それぞれ表4-2へ結果を記入してください。

表4-2 自己評価チェック・リストの結果

領　　域	現実自己評価	理想自己評価	他者からの評価
自己のあり方	(31.0)	(42.3)	
対 人 関 係	(33.2)	(44.0)	
合　　　計	(64.3)	(86.4)	

Ⅱ．解　　説

（1）それぞれの大学生の平均は，表4-2の（　）内に示しました。それを基準に，自己のあり方と対人関係は±5，合計は±10の差を検討の目安にしてください。

（2）現実の自己評価は，どうでしたか。領域別にも検討してください。

（3）現実自己評価と理想自己評価とを比べてどうでしたか。

（4）現実自己評価と他者からの評価とを比べてどうでしたか。表4-1を参考に検討してください。

（5）自分の現在の状況や，過去の経験などを考慮して，これらの結果を検討してください。

　理想が高く，その理想と対照するために，現実の自己評価が低くなってしまう人がいるかもしれません。自己評価は，客観的評価とは異なる自己イメージにつながるものです。低かったからといって「良い」「悪い」というものではなく，どういった自己イメージを自分に対してもっているのかをふりかえってください。

Ⅲ．ふりかえり

・この章を終えて，あなたはどのような自分に気づきましたか。

・それは，どのような結果によって気づきましたか。

引用文献
梶田叡一　1988　自己意識の心理学　第2版　東京大学出版会

トピックス1.

「コンピュータ社会と精神病理」

　競争原理のもとで生産性や能率の向上を最大の価値とする現代社会の中で，即時性，正確性，大量処理を得意とするコンピュータの発展は，私たちの生活に多大な恩恵をもたらしましたが，同時にその弊害も指摘されています。たとえば，身体的健康への影響として，頭痛，肩こり，食欲不振，視力低下，腰や腕の痛みなどがあげられ，それらはVDT（Video Display Terminal）障害とも呼ばれています。また，精神的健康への影響としては，注意力や思考力の低下などがあげられ，アメリカの心理学者クレイグ・ブロード（Brod, C., 1984）は，それを「テクノストレス」と呼びました。彼はさらにそれを「テクノ不安症」と「テクノ依存症」に分け，その対処法を模索しました。

　テクノ不安症とは，コンピュータを使いこなせなかったときの焦り，不安，恐れなどが原因で神経症症状やうつ状態に陥ってしまうことをさします。性格的には大雑把で派手な人が新しいテクノロジーに適応しにくいようです。これを防ぐためには，まずコンピュータの利便性と限界を理解したうえで，余裕をもって学習することが必要です。

　また，テクノ依存症とは，コンピュータへの過剰適応の結果，感情表現が減少し，人間関係を回避するようになることをさします。性格的には，こり性で，生真面目，完全癖傾向のある人が陥りやすく，その初期症状としては，「自分の限界がわからなくなる」「時間の感覚がなくなる」「他者に邪魔されるのが我慢できなくなる」「あいまいさを受け入れなくなる」「人と接することを嫌うようになる」といった心理状態がみられます。その防止策としては，「コンピュータ作業の合間に必ず小休止をとり，できれば人と接すること」「手書きの手紙や日記を書くこと」「スポーツや芸術といったパソコン以外の趣味を楽しむこと」「積極的に感情を表出するようにすること」などが推奨されます。ただ，テクノ依存症に陥る人は，もともと集中力があって細かい作業を好み，真面目に努力する人たちですので，他の依存症とは違って，周囲から批判されることが少なく，逆に賞賛されることさえあります。もしも早期に発見・対処できずに問題が深刻化した場合には，長期的な配置転換をしたり転職をしたりする必要があるかもしれません。

　一方で，私たちの社会では，不安が創造性を生み出す原動力となることも少なくありません。人間はさまざまな矛盾を解決する豊かな知性をもちあわせています。コンピュータを一方的に拒否するのではなく，コンピュータシステムに人間的要素である社会的支援関係や助け合い的要素をあえて組み込むことによって，より豊かな人間社会を形成したいものです。

文献
Brod, C.　1984　*Technostress: The Human Cost of the Computer Revolution.* Reading, MA: Addison-Wesley.

5 自己をつかむ ―自我同一性―

　「おとなになりたくない人間」が増えているといわれています。会社へ行きたがらない新入社員，卒業したがらない大学生など，いつまでたっても自由気ままな子どものままでいたい気持ちは今の青年に多かれ少なかれあるのではないでしょうか。若い女性に多い拒食症も「成熟への嫌悪」が関係しているといわれています。

　これは欧米にもみられる社会現象で，特に1970年代後半からアメリカでも「おとなになれない男性」が社会問題となり始め，これを「ピーターパン・シンドローム」と呼んでいます。ピーターパンは，おとな社会から「ないない島」に冒険に出て，ここで遊ぶ永遠の少年です。みなさんの周囲にも1人や2人，このピーターパン・シンドロームの男性がいるかもしれませんね。

　また小此木（1981）は，青年のみならず現代人にはいつまでも社会的な自己を確立しようとしない心理構造があるとして，これを「モラトリアム人間の時代」と称しています。小此木によるとモラトリアム人間とは，「あれかこれか」型の生き方よりも「あれもこれも」型の生き方を選び，自分の生き方に柔軟である反面，社会に対しては当事者意識に乏しく，お客様的で何事も一時的なかかわり方しかせず，自分のすべてをかけることを回避する人間です。

　さて，この「モラトリアム」という用語ですが，これはエリクソン（Erikson, E. H.）という精神分析学者が「自我同一性」という概念を提唱した際に用いたものです。

　この章では，みなさんのモラトリアム度をチェックしながら自我同一性について勉強してみましょう。

基礎知識

自我同一性とは

　「自我同一性」はエリクソン（Erikson, E. H.）が提唱した「ego identity」（エゴ・アイデンティティ）の邦訳です。自我同一性の概念は，一般的には「自分とは何か？」という問いに対する答えであるといわれていますが，ここではもう少し詳しく説明したいと思います。

　この概念は主観的意識体験を重視したものといわれています。つまりエリクソンはこれを「自我同一性の感覚」と表現しています。この自我同一性の感覚とは，「内的な不変性と連続性を維持する各個人の能力が，他者に対する自己の意味の不変性と連続性とに合致する経験から生まれた自信のこと」と定義されています。一見難解な定義ですが，この定義のなかで重要な点は3点あります。

　まず最初は内的な不変性と連続性ということです。これは，わかりやすく説明すると「自己の生育史から一貫した自分らしさ，自分は何者でもない自分である，そしてその自分は過去から現在そして将来も不変である」ということです。

　第2点は，そういった自己が他者によっても認められているということです。自分が理解している自分の姿が社会のなかでも同じように認められ，位置づけられているということなのです。

　そして最後にもう1つ重要なことは，自我同一性が「感覚」であるということです。これは上の2点が，頭で理解できているのではなく自己確信として感じられ，意識されているということなのです。エリクソンによればこれは，「身体がくつろいでいる感じ」「自分がどこへ行こうとしているのかわかっているという感覚」ということです。

　この自我同一性の感覚が確かに自分のなかにできあがっている時，これを自我同一性の形成といいます。

　さてエリクソンは自我同一性の形成を青年期の発達課題としてとらえました。青年期は人生のなかでも自己に目が向き，自分の性格や対人関係に悩み，将来を模索する時期です。エリクソンは青年期を「それまでのさまざまな経験の中から見つけだしてきた自分というものを統合する年代」と考えたのです。しかし青年期に統合された自我同一性もその後は変化しないというわけではありません。さまざまな人生経験を積み重ねるなかで自我同一性は修正されながら一層確固としたものになっていくのです。

「自我同一性」という概念の変遷

　1950年代，エリクソンは青年期の発達課題として「アイデンティティ」という概念を提唱しました。エリクソンは「人間とは社会との相互作用の中で発達する存在である」とする基本的立場から，アイデンティティという概念も「心理・社会的（psycho-social）」概念として位置づけたのです。

　その後1980年代を中心とした心理学研究において扱われた自我同一性や，世間に広まったアイデンティティという言葉はむしろ「自己への関心」に焦点づけられたものでした。さらに「自己愛」という概念の流行とも相まって，いつのまにかアイデンティティは「他者とのかかわり」を回避した自己中心的概念であるかのような誤解すら生じかねない用語として広まっていきました。

　しかし1990年代に入り，アイデンティティ形成とは自己と社会との間の「相互調整（mutual regulation）」の過程であることが改めて再認識されるようになってきました。

　いったんは自己中心的概念へと向かった流れが1990年代後半から再びエリクソンの原点に返り，「社会との関係からとらえるアイデンティティ」概念へと方向転換を示している現代といえるでしょう。

同一性拡散

　青年期において自我同一性の統合がうまくいかなかった場合，自我同一性の拡散と呼ばれる状態に陥るといわれています。これは「自分が何であるかわからなくなってしまった」「自分がバラバラに感じられる」などの状況です。この同一性拡散（identity diffusion）の状態に陥ると，その程度によっては日常の生活に支障をもたらすような症状となって表われてきますが，これについてはメンタルヘルスの項（同一性障害　57ページ）を参照してください。

モラトリアム

　同一性の拡散ではないものの，いまだ自我同一性が形成されていない段階を「モラトリアム（moratorium）」といいます。このモラトリアムという用語は，もともとは経済用語で「猶予期間」という意味です。青年期はさまざまな体験―いろいろなアルバイトをしたり，友人と将来のこと，異性のこと，勉強のことを語り合ったり，気ままな旅行にでたり―のできる時期です。人間はそんな青年期の体験をとおして，自分自身のことを考え，将来に思いを巡らせ，人生を価値あるものとしていくことができるのです。エリクソンはこの時期を社会的な義務や責任を最小限に猶予されて，自我同一性形成のためにそういったさまざまな経験をすることを社会から認められた期間として「モラトリアム」と称したのです。

職業的同一性

さて同一性とは、職業・価値観・性・宗教・政治・家族などそれぞれの領域における同一性の統合であり、包括的概念であるといわれています。

そのなかの職業的同一性（occupational identity）とは「職業人としての自己をどのように決定し、それにどのようにかかわっているか」ということであり、「職業をとおしての自分らしさを確かめ、自分らしさを生かし育てていく職業的姿勢」（園田ら、1987）のことです。特に女性が「職業人としての自己」を考えるとき、母親としての自己や妻としての自己との間で葛藤が生じたりすることはしばしば認められることです。

園田ら（1987）によると、女性において職業的同一性の高い人は全体的な自我同一性も高く、職業に対する満足感も高いということです。またその満足感は職場の人間関係や精神的満足感に帰するところが大きく、給料の高さなどによるものではないということです。

これから職業に就く人や現在職業に就いている人も、「職業人としての自己」にどの程度満足しているのか、あるいは危機を経験しているのか、ときに自問してみるのも大切なことでしょう。

エリクソンの発達理論

フロイト（Freud, S.）の指摘以来、幼児期の生活史が大人になってからの神経症などの心の問題に大きく影響していることが知られています。その発達的な観点を幼児期だけでなく、人間の一生の発達の過程ととらえなおしたのがエリクソンです。彼はその発達し変化していく過程をライフ・サイクル（人生周期）と呼びました。エリクソンの発達理論は、心理学の分野のみならず教育や看護など、人間を対象とするさまざまな領域で重視されています。ではここで、この理論の主な特徴を紹介しましょう。

①人間は、常に社会（取り巻く環境）との相互作用のなかで発達していくものである。
②人間は、生まれてから死に至るまで生涯にわたって発達するものである。
③人間の一生は8つの発達段階に分けられ、各段階には固有の発達課題がある（表5-1）。
④発達は前段階の発達課題の達成を基盤にして、次の発達段階へ進むものである（漸成的発達）。

発達課題

エリクソンは発達課題を各段階における心理・社会的危機としてとらえ、課題解決の成功と失敗の両極端として表しています。つまり課題の達成とは、その両極端で表される葛藤をバランスよく解決することといえます。たとえば青年期の発達課題は「同一性 対 同一性拡散」で

すが，同一性の危機を体験し，葛藤状態を乗り越えて真の同一性が達成されるということなのです。

ここでは発達課題ごとにもう少し詳しく説明しましょう。

(1) **第1段階（0〜1歳頃）「基本的信頼 対 不信」**：乳児は自分の欲求に適切に応えてくれる環境（授乳，おむつ交換などの日常的育児）をとおして，自己の身体的安全や精神的安定を確認します。そしてそれが自己への信頼や自分を取り巻く環境への信頼感となるのです。この基本的信頼が基礎になり人間は未知の世界に生きていく自信を身につけるのです。

(2) **第2段階（1〜3歳頃）「自律性 対 恥・疑惑」**：この時期はトイレット・トレーニングなど「しつけ」が始まります。つまり「自分でできる（コントロール）」という自律感とそれがうまくできなかったときの恥の感情との葛藤が課題になります。

(3) **第3段階（3〜6歳頃）「積極性 対 罪悪感」**：この時期の子どもは性器への関心に始まり，外界への好奇心や関心が急速に広まります。「なぜ？ なに？」の時期ともいえます。そこでは「積極的」に探索し，創造することと，やりすぎたことなどからくる罪悪感との葛藤が課題となります。

(4) **第4段階（6〜12歳頃）「勤勉性 対 劣等感」**：いわゆる学童期は，熱心に学業などに取り組み，社会的・対人的技能を身につけ，困難な課題にも取り組み解決していくことで自己の有能感（勤勉感情）を獲得する時期です。

表5-1 エリクソンの心理社会的発達の8段階

	段 階	心理学的危機	好ましい結果
1	乳児期前期 （0〜1歳）	基本的信頼 対 不 信	信頼と楽観性
2	乳児期後期 幼児期前期 （1〜3歳）	自律性 対 恥・疑惑	自己統制と適切さの感じ
3	幼児期後期 （3〜6歳）	積極性 対 罪悪感	目的と方向：自分の活動を開始する能力
4	児童期 （6〜12歳）	勤勉性 対 劣等感	知的・社会的・身体的技能の有能さ
5	青年期 （12〜19歳頃）	同一性 対 同一性の拡散	自己を独自な人間として統合したイメージをもつこと
6	成人期初期 （20〜30歳頃）	親密性 対 孤 立	親密で永続する関係を形成し，生涯を託するものを決める
7	壮年期 （30〜65歳頃）	生殖性 対 沈 滞	家族，社会，未来の世代への関心
8	老年期 （65歳〜）	統合性 対 絶 望	充足と自分の生への満足感

（5）第5段階（12〜19歳頃）「同一性 対 同一性拡散」：思春期・青年期と呼ばれる時期で，社会人になるまでの時期と考えられます。「同一性」の概念はエリクソンの理論の中心的な概念でもあります。

（6）第6段階（20〜30歳頃）「親密性 対 孤立」：青年期に形成した同一性を基盤にして，ある特定の他者と親密な関係をもてることと孤立感の克服が課題となります。社会的には「結婚」という形態をとることが多い時期ともいえます。

（7）第7段階（30〜65歳頃）「生殖性 対 沈滞」：この時期は，仕事に就き結婚して，子どもを産み育てるだけでなく，芸術や社会的生産物を産み育て，発展させることが課題となります。ここでいう「生殖性」とは，子どもだけでなく次世代に受け継ぐすべてのものを示しています。

（8）第8段階（65歳〜）「統合性 対 絶望」：次世代を育て信頼し，自分の生きてきた生涯を統合することと人生に対する絶望感を回避することが，生涯最後の発達課題となります。

エリクソンの「自我同一性」について，発達理論を含めて学んできましたが，ここで実際に自分の自我同一性の形成度をチェックしてみましょう。

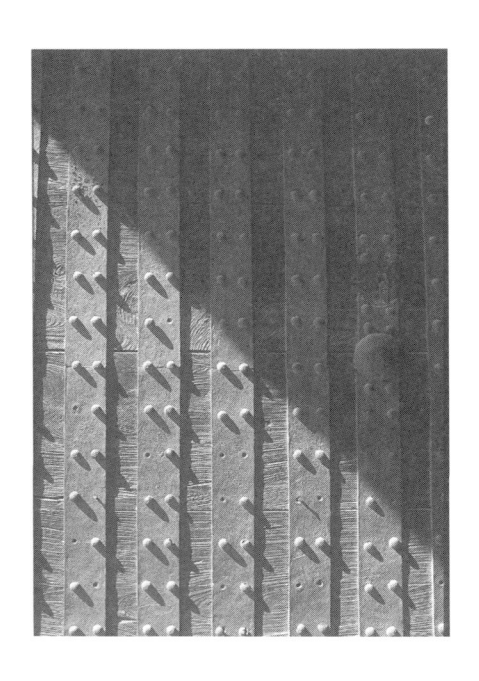

やってみよう！ ―自我同一性測定尺度―

以下のそれぞれの文を読み，その内容が現在のあなたの気持ちや生き方にどのくらいあてはまるかを，選択肢に○をつけて答えてください。

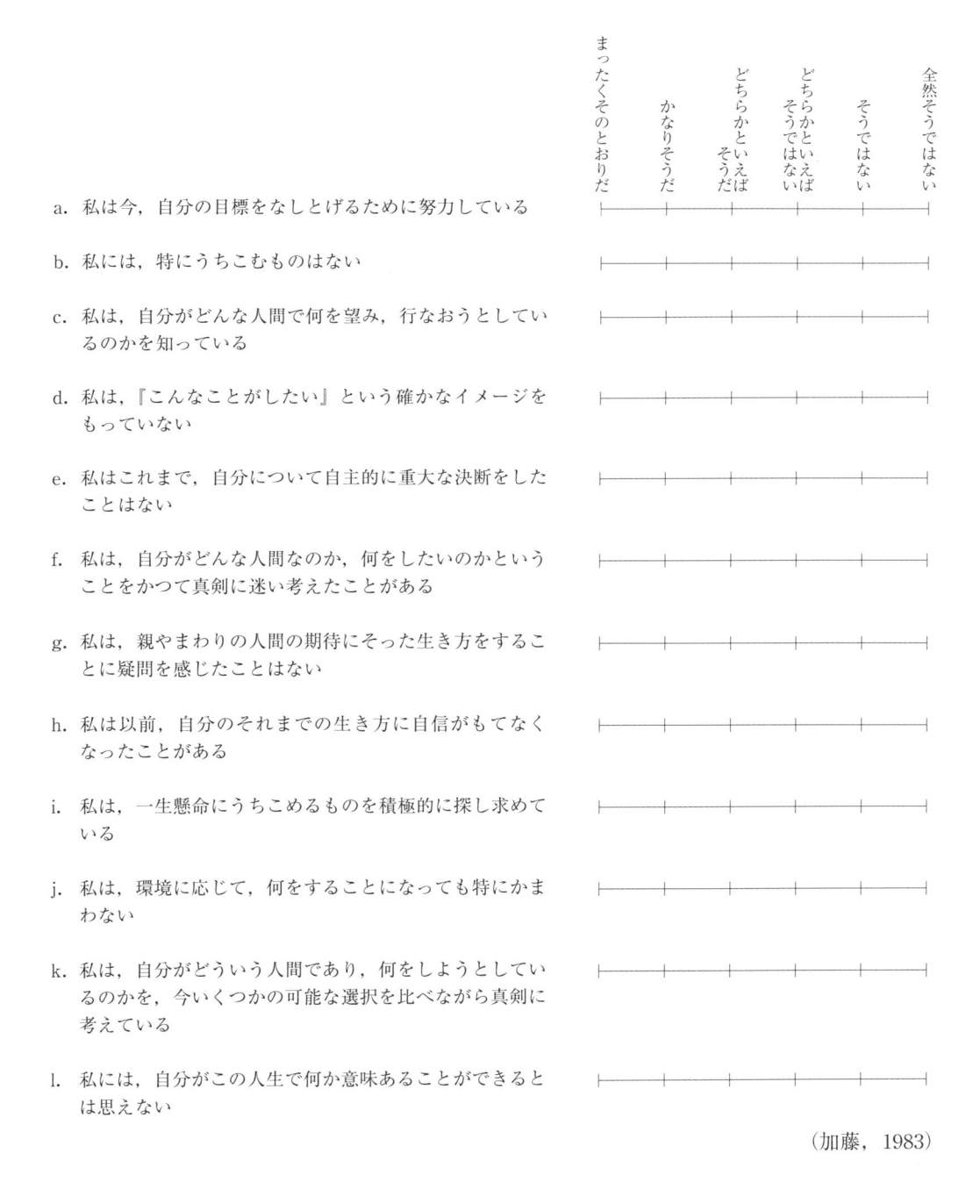

	まったくそのとおりだ	かなりそうだ	どちらかといえばそうだ	どちらかといえばそうではない	そうではない	全然そうではない
a. 私は今，自分の目標をなしとげるために努力している						
b. 私には，特にうちこむものはない						
c. 私は，自分がどんな人間で何を望み，行なおうとしているのかを知っている						
d. 私は，『こんなことがしたい』という確かなイメージをもっていない						
e. 私はこれまで，自分について自主的に重大な決断をしたことはない						
f. 私は，自分がどんな人間なのか，何をしたいのかということをかつて真剣に迷い考えたことがある						
g. 私は，親やまわりの人間の期待にそった生き方をすることに疑問を感じたことはない						
h. 私は以前，自分のそれまでの生き方に自信がもてなくなったことがある						
i. 私は，一生懸命にうちこめるものを積極的に探し求めている						
j. 私は，環境に応じて，何をすることになっても特にかまわない						
k. 私は，自分がどういう人間であり，何をしようとしているのかを，今いくつかの可能な選択を比べながら真剣に考えている						
l. 私には，自分がこの人生で何か意味あることができるとは思えない						

（加藤，1983）

結果の整理とふりかえり

I. 結果の整理

以下の式に各問の点数（全然そうではない＝1点〜まったくそのとおりだ＝6点）をあてはめて『現在の自己投入』『過去の危機』『将来の自己投入の希求』の点数を算出してください。

・（ a ）−（ b ）+（ c ）−（ d ）+ 14 =『現在の自己投入』

・（ h ）−（ g ）+（ f ）−（ e ）+ 14 =『過去の危機』　（←順番に注意！）

・（ i ）−（ j ）+（ k ）−（ l ）+ 14 =『将来の自己投入の希求』

次に各点数の流れ図（図5-1）から自分の自我同一性地位を見つけてみてください。

わたしの自我同一性地位は　　　　　　　　　地位

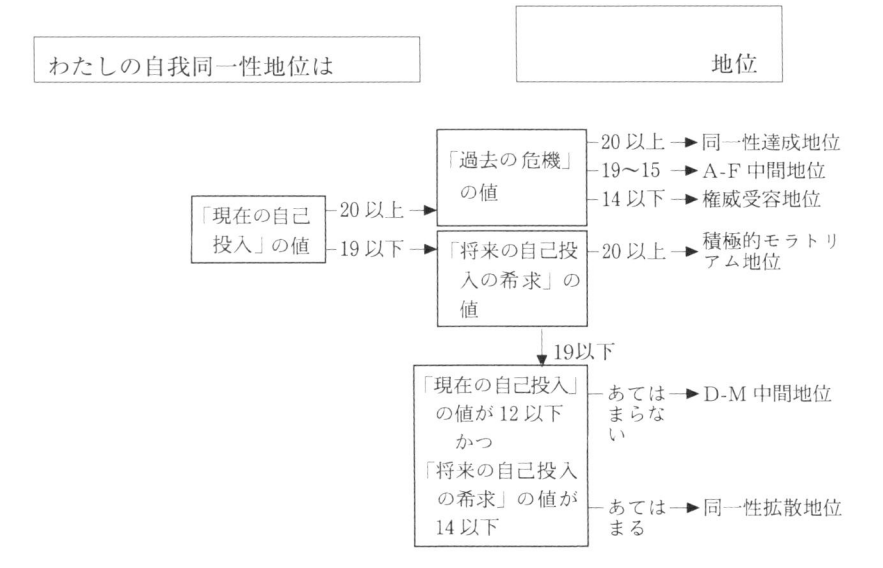

```
「現在の自己       「過去の危機」     20以上 → 同一性達成地位
投入」の値  20以上→  の値         19〜15 → A-F中間地位
                              14以下 → 権威受容地位
         19以下↓
         「将来の自己投     20以上 → 積極的モラトリ
         入の希求」の                アム地位
         値
            19以下↓
         「現在の自己投入」
         の値が12以下       あては → D-M中間地位
         かつ            まらない
         「将来の自己投入
         の希求」の値が     あては → 同一性拡散地位
         14以下          まる
```

図5-1　各同一性地位への分類の流れ図

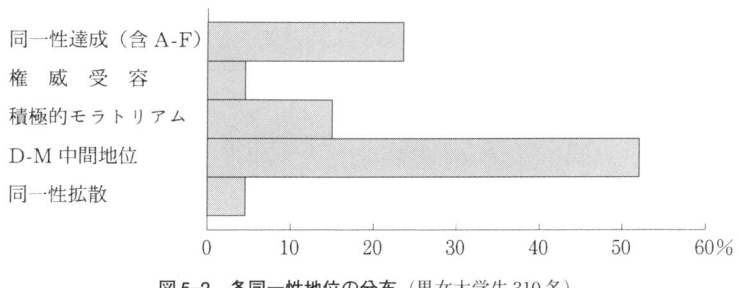

図5-2　各同一性地位の分布（男女大学生310名）

II. 解　　説

　自我同一性地位とはマーシャ（Marcia, J. E., 1966）によって考案されたもので，自我同一性がどの程度形成されているかをいくつかの段階で示したものです。

　マーシャは自我同一性のありようは「危機」（crisis）と「傾倒」（commitment）によって決まると考えました。つまり，「危機」とは自分にとって意味のあるいくつかの可能性のなかから1つを選ぼうと悩み，意思決定を行なうことをさします。「傾倒」とは，選んだものに対して積極的にそれにかかわろうとする姿勢のことです。この両者を経験しているか否かで自我同一性地位が決まると考えたのです。マーシャは職業と思想における同一性地位を表5-2のように4段階に分けました。

　さてみなさんの同一性地位判定尺度は6段階に分けられています。これはマーシャの傾倒（自己投入）の程度を現在と将来の希求に分け，それと過去の危機の有無により分類したものです。表5-3にそれぞれの地位の概要を示します。この分類は特に領域を特定しないものです。

　みなさんの自我同一性地位を便宜上，マーシャの表5-2に沿って考えるならば以下のように考えられます。該当する地位の概要を参考にしてください。

自我同一性尺度地位	マーシャの自我同一性地位
同一性達成	→ 同一性達成
A－F中間	→ 同一性達成と早期完了の中間
権威受容	→ 早期完了
積極的モラトリアム	→ モラトリアム
D－M中間	→ モラトリアムと同一性拡散の中間であるが過去の危機の有無は人によって異なる
同一性拡散	→ 同一性拡散

　「私はどこからきたのか，私とは何者であり，どこに向かっていこうとしているのか？」「私が私らしく生き続けるために，何を選択し，何にかかわっていけばよいのか？」私たちは，自身にこう問い続けながら人生を歩み続ける存在なのでしょうね。

表5-2 マーシャの自我同一性地位

自我同一性地位	危 機	傾 倒	概 要
同一性達成 (Identity Achiever)	経験した	している	すでにいくつかの選択肢のなかから自分自身で真剣に考えたすえ，意思決定を行ないそれに基づいて行動している。適応的であり自己決定力，自己志向性がある。環境の変化に対しても柔軟に対応でき，対人関係も安定している。
早期完了 (Foreclosure)	経験していない	している	選択肢のなかで，悩んだり疑問を感じたりすることがそれほどなく，職業や生き方がすでに決定されている。親の考え方と強い不協和はない。「硬さ」が特徴であり，一見同一性達成と同じように見えるが，この型は環境の急激な変化などのストレス下で柔軟な対応が困難となる。
モラトリアム (Moratorium)	その最中	しようとしている	現在，いくつかの選択肢のなかで悩んでいるが，その解決に向けて模索している。決定的な意思決定を行なうことがまだできないために，行動にあいまいさが見られる。
同一性拡散 (Identity Diffusion) 危機前拡散	経験していない	していない	過去に自分が何者であったかあいまいであるために，現在や将来の自分を想像することが困難である。自己選択における積極的な関与が見られない。
同一性拡散 (Identity Diffusion) 危機後拡散	経験した	していない	「積極的に関与しないことに積極的に関与している」タイプである。すべてのことが可能だし，可能なままにしておかねばならないという特徴をもつ。そのため，確固とした自己を決定することができず「あれも，これも」というまとまりのない状態になる場合もある。

表5-3 同一性地位

	現在の自己投入	過去の危機	将来の自己投入の希求
同一性達成	かなりあり	かなりあり	問わない
A－F中間	かなりあり	ある程度あり	問わない
権威受容	かなりあり	乏しいかあるいはない	問わない
積極的モラトリアム	ある程度あり	問わない	かなりあり
D－M中間	積極的モラトリアムにも同一性拡散にもあてはまらないもの		
同一性拡散	かなり乏しい	問わない	かなり乏しい

Ⅲ. ふりかえり

・この章を終えて，あなたはどのような自分に気づきましたか。

　　　　　　　　　　　　　　　　　　　　　　　　　　　　　　　　　　　
　　　　　　　　　　　　　　　　　　　　　　　　　　　　　　　　　　　
　　　　　　　　　　　　　　　　　　　　　　　　　　　　　　　　　　　
　　　　　　　　　　　　　　　　　　　　　　　　　　　　　　　　　　　
　　　　　　　　　　　　　　　　　　　　　　　　　　　　　　　　　　　

・それは，どのような結果によって気づきましたか。

引用文献

加藤　厚　1983　大学生における同一性の諸相とその構造　教育心理学研究，31(4)，20-29．
園田雅代・中釜洋子　1987　職業的同一性を通してみた中堅女子社員の研究その１：SCT法による検討　日本心理学会第51回発表論文集 p.554．
鑪　幹八郎・山本　力・宮下一博編　1984　自我同一性研究の展望　ナカニシヤ出版

参考図書

遠藤辰雄　1981　アイデンティティの心理学　ナカニシヤ出版
Erikson, E. H.　1959　*Psychological Issues, Identity and the Life Cycle*. International University Press.
　（小此木啓吾訳　1973　自我同一性―アイデンティティとライフサイクル―　誠信書房）
Marcia, J. E.　1966　Development and Validation of Ego-identity Status. *Journal of Personality and Social Psychology*, *3*, 551-558.
小此木啓吾　1981　モラトリアム人間の時代　中央公論社
鑪　幹八郎・宮下一博・岡本裕子編　1995　自我同一性研究の展望Ⅱ　ナカニシヤ出版
鑪　幹八郎・宮下一博・岡本裕子編　1996　自我同一性研究の展望Ⅲ　ナカニシヤ出版
鑪　幹八郎・宮下一博・岡本祐子編　2002　アイデンティティ研究の展望Ⅵ　ナカニシヤ出版

メンタルヘルスのページ

「パーソナリティ障害」

　パーソナリティ障害（Personality Disorder）とは，従来，人格異常や精神病質と呼ばれていた概念で，一般に「著しいパーソナリティの偏りによって社会生活に支障をきたす状態」をさします。日本でも広く使用されているアメリカ精神医学会が発行している「精神障害の診断と統計マニュアル第4版修正テキスト」（Diagnostic and Statistical Manual of Mental Disorders, Forth Edition Text Revision, 通称DSM-Ⅳ-TR）では，10種類（妄想性パーソナリティ障害，統合失調症質パーソナリティ障害，統合失調症型パーソナリティ障害，反社会性パーソナリティ障害，境界性パーソナリティ障害，演技性パーソナリティ障害，自己愛性パーソナリティ障害，回避性パーソナリティ障害，依存性パーソナリティ障害，強迫性パーソナリティ障害）に分類されています。

　A男は，現在30歳の独身男性です。両親は教育関係の仕事に就いていて，3歳年下の弟がいます。A男は子どもの頃から内向的で，融通が利かない頑固な性格でしたが，学業成績は常にトップクラスを維持し，大学は医学部へ入学しました。しかし，自分の適性に合わないということで，大学を1年でやめてしまいました。その後，いくつかの仕事を転々として，現在は派遣社員として工場で働いています。そして，28歳のときに「昔の嫌なことを思い出し，イライラする」との主訴で精神科を受診しました。

　A男は，カウンセリングのなかで，「父親は非常識で無能な人間で，自分はこれまで散々恥ずかしい思いをしてきた。一方，母親はそんな父親にうんざりしながら表面的に家庭生活を送ってきたに違いない。弟はそんな母親から愛されてきたが，自分は幼少の頃からずっと拒否的に扱われ，一度も愛されたことがない。自分はそんな現実が嫌でひたすら勉強だけをしてきた」と訴えました。そして，それを自覚しながらも反省しない母親を許すことができないと，母親を罵倒し，ときに家庭内暴力にも及ぶこともありました。また，A男は，友達が意図的に自分の悪い噂を広めているらしいとか，人が自分の容姿を笑ってバカにしている気がするとも言い，なかなか深い人間関係を結ぶことができないようです。

　ただし，そういった猜疑心は決して妄想にまでは発展せず，現実吟味力も保たれており，「妄想性パーソナリティ障害」と診断されました。妄想性パーソナリティ障害の人は，不信感や自負心が強く論争好きなパーソナリティが特徴で，嫉妬心が強く些細なことで怒りを爆発させることもあって，社会になかなかとけ込めません。その原因は，厳しく支配的な親に育てられるうちに，愛されているという実感を失い，自分の行動を枠にはめてしまうことにあります。そして，この枠から外れると劣等感や罪悪感が生じ自罰的になり，さらに周囲の人々に超自我イメージを投影することで自分は迫害されていると思い込むようになったと考えられます。

メンタルヘルスのページ

「同一性障害」

　B子は20歳の女性で大学1年生です。家族は両親と妹の4人家族です。幼少児期や児童期の発達は特に問題を指摘されたことはありませんでした。両親からはおとなしく育てやすい子どもであるという印象をもたれ、学校の先生からの評価も同様でした。進学校に入学後も大学進学をめざし学校や塾の勉強を精力的にこなしていました。大学進学に関しては、教育熱心な両親の希望もあり、物心つくころから暗黙の了解となっていたようです。しかし、B子は将来の職業などに関して特に希望をもっていたわけではなく、漠然と進学をめざしていたようです。1年の浪人の後、某国立大学に入学しました。偏差値も上位に属し、いわゆる一流大学と評される大学であるため両親は大喜びでした。大学入学後、下宿での一人暮らしが始まりました。講義には始めのころは真面目に出席していましたが、6月ころから次第に欠席が目立つようになりました。先輩に勧められるままに入部した文科系のサークル活動にも顔を出さなくなっていきました。心配した同級生が下宿を訪ねれば会話を交わすものの、終日部屋のなかで読書をしたりビデオを観たりといった生活が続いたために、夏休み明けに筆者のもとに父親とともに受診しました。

　問診のなかでB子は、「講義を受ける気力がなくなってしまい、どうでもいいや、という気分になってしまう」「何のために今の学部に入学したのかわからない、だからこれからどうやって生きていったらよいのかもわからない」などということ訴えました。1年生をとりあえず休学して、定期的な面接を半年間ほど続けました。面接の内容は、①今まで自分がどのように生きてきたのか、②これからの自分はどのように生きていきたいのか、③そのようななかで、現在の自分は何をすべきか、ということが中心でした。一時は退学も検討されましたが、約半年後、将来につながる自分なりの夢をもって復学しました。

　B子は精神医学的には同一性障害（Identity Disorder）と診断されます。5月病とかスチューデント・アパシーとか退却神経症という用語もこれに相当します。（自我）同一性のなかでも、職業選択や人生の長期的目標に関して一貫性を失い、拡散した状態に陥るケースが特に青年期に多く認められます。このような青年はB子のように無気力になり、自分の興味のあるもの以外には目を向けなくなります。自閉的な生活を送るものが多いため、統合失調症との鑑別も重要になってきます。治療は時間をかけて自分を見つめ直し、生きる方向性を模索するための心理療法が不可欠で、薬物療法は根本的な治療にはなりません。受動的に生かされてきてしまった青年に多いようです。

「学校教育と家庭教育」

　私たちは「教育」と聞くと，まず思い浮かべるのが学校ではないでしょうか。同じように「学習」と聞くと，やはり学校を思い浮かべるでしょう。しかし，教育や学習はもっと広い範囲で営まれているものです。その主な領域は家庭といえるでしょう。

　私たちが生まれ育つ場所は，まず家庭です。特に乳幼児期を過ごす家庭では，生きていく際に必要な基本的なことがらを学びます。その主な内容は，エリクソン（Erikson, E. H.）のいうところの基本的信頼など自己の存在の土台となる感覚から，対人関係の基礎となる親子関係の経験など多くの体験が課題となります。学校はそれらの基本を社会的関係に拡げ，集団で生活するときの感覚や技能（スキル）を身につける場所となります。

　日本は従来学校教育が盛んな国でした。江戸時代の寺子屋も都市部では多数存在し，庶民の子弟も多く通っていたそうです。そして，学校は国民としての基本的態度を学ぶ場所として重視されていきました。しかし，第二次世界大戦を経て，高度成長期には学歴社会といわれるように，学校で何を学ぶかよりもどの学校を卒業するのかといった点に重きが置かれるようになりました。

　高度成長が衰退すると同時に，学校教育の見直しが進み，個性を伸ばす教育という視点が前面に出てきました。それに伴って学校が「個」の教育も行なう場所としてとらえられたのですが，それは家庭教育との領域の混乱へとつながってしまいました。

　「個」の教育は，エリクソンの理論を待つまでもなく，家庭が基本となります。家庭での「個」の教育がなされないまま，学校という集団場面へ子どもたちが入っていけば，なじめなくなることは容易に予想されます。学校という社会教育の場面で学ぶための基礎としての家庭教育の重要性が再確認される必要があるといえるでしょう。そういった基盤のもとに集団から社会へのかかわりが築き上げられていくと考えられます。

　対人関係や集団への能動性などを育てるためにも，本人自身の存在を保障する家庭でのかかわりを大切にしたいものです。ただし，これらは学校と家庭のどちらが行なうべきものであるといった相反する姿勢ではなく，お互いの連携が円滑に行なわれることが重要といえるでしょう。

第Ⅱ部

他者とかかわる
――かかわることで発見する自分――

我が道は一以ってこれを貫く

〈概論〉 対人関係の心理

対人関係の心理とは

　私たちは社会的存在であるといわれるように，一人で生きていくことはできません。人嫌いで，誰にも頼らず一人で生きているという人も，買い物に行けばいやがおうでも人とかかわらざるをえません。あるいは，インターネットの世界でも通信の相手は人間です。生きてゆく上でまったく人とかかわらないで生活することはきわめて困難です。さらに人間は他の動物と異なり，自分の足で歩き，自分で栄養補給できるようになるまでに長い時間がかかります。この間，必ず誰か他者による養育がなくては生きることができません。自分で気づく，気づかないにかかわらず「人間」は「人と人との間」に生きている存在なのです。

　ここでは，対人関係の基礎として，社会心理学と臨床心理学からみた対人関係の理論についてその主なものを紹介します。

社会心理学からみた対人関係の理論

　社会心理学の分野では，個人が社会の中で受ける影響や仲間のなかで生じる関係のダイナミクスなどについて研究が進んでいます。ここでは，対人関係に関する基礎理論を紹介します。

1．対人認知

　ある人についての情報が与えられたとき，その情報からその人の性格，感情，態度などの内的特性を推測することを対人認知といいます。ここで，情報とは，その人の外見，職業，出身地やその他の知り得る情報です。

　たとえば，人の相貌からその人の性格を推定することがあります。表1は，人の相貌特徴から性格を推定すると，このように思われやすいという調査結果です。表から，骨細，色白，顔が小さく眉が細いなどの特徴をもつ人が，消極的な人に思われやすいことがわかります。実際に，そのような相貌をもつ人も，付き合ってみるとそうでないことはよくありますが，よくわからない場合にそう判断してしまうことがあるわけです。これは，対人関係で気をつけないといけないことです。

表1　相貌特徴と性格特徴（大橋，1979）

	相貌特徴	性格特性
第1群	骨の細い，色の白い，顔の小さい，顔のきめの細かい，眉の細い，耳の小さい，鼻の穴の小さい，唇のうすい，口の小さい	消極的な，心のせまい，内向的な
第2群	やせた，背の高い，面長の，鼻の高い	知的な
第3群	背の低い，血色のわるい，顔のせまい，目の細い，目の小さい，まゆ毛の短い，鼻の低い，口もとのゆるんだ，歯ならびのわるい	責任感のない
第4群	髪の毛のかたい，顔のきめの荒い，眉の逆八の字型の，あがり目の，ほほのこけた，かぎ鼻の	無分別な，短気な，感じのわるい，不親切な，親しみにくい
第5群	髪の毛のやわらかい，眉の八の字型の，目のまるい，ほおのふっくらした	分別のある，親しみやすい，親切な
第6群	血色のよい，額の広い，目の大きい，まつ毛の長い，鼻のまっすぐな，口もとのひきしまった，歯ならびのよい	分別のある，責任感のある，外向的な
第7群	ふとった，丸顔のさがり目の	心のひろい，気長な，知的でない
第8群	骨太の，色の黒い，顔の大きい，眉の太い，耳の大きい，鼻の穴の大きい，唇の厚い，口の大きい	積極的な

2. 印象形成

よく第一印象という言葉を使いますが，これは他者に初めて会ったときにもつ印象のことです。この印象の形成については，実験によって多くのことがわかっています。アッシュ（Asch, S. E., 1946）は，架空のある人物の性格特性として，「聡明な－勤勉な－衝動的な－批判的な－強情な－嫉妬深い」という性格特性を読み上げ，その人の印象を評定させます。次に，別の被験者にその性格特性を後ろから逆に読み上げます。そして，印象を評定させると，先ほどと同じ性格特性群にもかかわらず，印象は変わります。前者は，能力があり，欠点はあるがそれほどでもない人としてとらえられるのに，後者は，欠点のために能力が活かせない人という印象を与えます。これは，一連の情報が与えられたとき，最初の情報が全体の印象に優勢になることを表わしています。これを，印象形成の「初頭効果」と呼びます。また，逆に，最後の情報が優勢になる場合も確かめられており，「新近効果」と呼びます。

また，アッシュは別の実験で，これらの一連の情報の中に印象形成に特に重要となる中心特性が存在することを明らかにしています。たとえば，「知的な－器用な－勤勉な－暖かい－決断力のある－実際的な－注意深い」という7つの性格特性を提示した場合と，「暖かい」を「冷たい」に置き換えた場合，他の情報が同一であっても形成される印象はかなり異なります。

3. 対人魅力

他者に対する好意はいかに形成されるのかという問題について関心をもつ青年も多いと思います。フェスティンガーら（Festinger, L. et al., 1950）は大学に入学した学生のアパートを調査し，部屋の距離が近いほど友人になりやすいと述べています。物理的な距離が近いほど，友人になりやすいという結果です。これは，距離が近いほど自然と接触の機会が増えるということが原因となっていると考えられます。何度も顔を合わせているうちに，親しみを感じやすくなりますし，また，近いほど付き合うのも容易です。好意の形成については，多くの研究があり，他者に対する魅力の形成に及ぼすさまざまな要因が見いだされています。

4. バランス理論

対人関係の認知については，ハイダー（Heider, F., 1958）のバランス理論が有名です。たとえば，

「図1のように，自分はA子と気が合い仲良しである場合，関係は＋（好き）になる。一方B子とは意見が合わず，つき合いたくない場合，関係は－（嫌い）になる。3者関係を＋か－で表わして，その積がプラスになる（つまりバランスが取れる）ような関係を作る傾向にある，という理論です。この場合A子とB子の関係は－，つまり仲が良くないことで自分を含めた3者関係のバランスは取れることになる」

というものです。

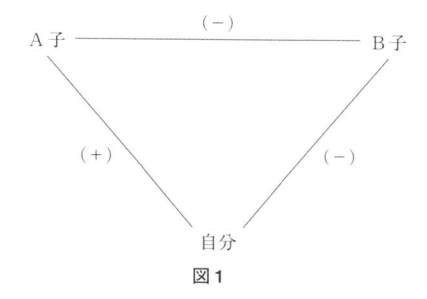

```
A子 ——————（－）—————— B子
      （＋）        （－）
             自分
             図1
```

臨床心理学からみた対人関係の理論

1. 対象関係論

臨床心理学においては「対象関係論」という理論が知られています。精神分析学の創始者であるS.フロイトの理論を基礎とするもので，精神内界（心の内側ともいうべき世界で自分自身の意識できないレベルを含む）に内在化された対象（内的対象）と現実にある対人関係との相互作用などを扱う理論です。

たとえば，若い女性が恋愛関係のなかである特定の状況になると必ず葛藤が生ずる場合，対象関係論の視点からは，女性の内的対象である父親との対象関係—たとえば幼児期からの葛藤

一の反復であると考える，などです。

　対象関係論にはさまざまな学者による理論の発展がありますが，基礎となるのは乳児期の対人関係，つまり多くの場合母子関係の発達です。

2．良い自己と悪い自己，良い対象と悪い対象

　赤ちゃんにとって生命にかかわる大切な欲求は「おっぱいが欲しい」です。この欲求が授乳により満たされると満足感を得ることができます。このときの自己は満足した「良い自己」であり，欲求を満たしてくれた母親は「良い母（対象）」となります。一方，何らかの理由で欲求が満たされないと飢餓などの苦痛体験を得ることになります。このときの自己は破滅の不安にさらされた「悪い自己」であり，苦痛体験を与えた母親は「悪い母（対象）」となります。

　「良い自己」の体験が「悪い自己」の体験を上回ることによって，次第にこの両者は統合され「統合したパーソナリティ構造」となり，そして母親は「安定し統合した対象」となります。

3．ウィニコットの対象関係論

　ウィニコット（Winnicott, D. W., 1987）はイギリスの小児科医で，日々診察で出会うのは赤ちゃんとそのお母さんであったことから，母子関係に注目し独自の対象関係論を発展させました。「独立した赤ちゃんはいない，いつも母との一対として存在する」という言葉は有名です。

　ウィニコットの母子関係の発達は「依存」のありようによって3段階に分けられます。生後6ヶ月頃までが母子未分化な「絶対的依存の段階」で，移行期を経て3歳頃までが次第に母子分化した「相対的依存の段階」。3歳以降が母子関係（2者関係）から3者関係へと発達する「独立への方向性をもった段階」です。

参考図書

Kernberg, O. 1976 *Object Relations Theory and Clinical Psychoanalysis* Jason Aronson.（前田重治訳　1983　対象関係論とその臨床　岩崎学術出版社）

Winnicott, D. W., 1987 *Babies and Mothers*. Addison-Wesley.（成田善弘・根本真弓訳　1993　ウィニコット著作集1　赤ん坊と母親　岩崎学術出版社）

引用文献

Asch, S. E.　1946　Forming Impressions of Personality. *Journal of Abnormal and Social Psychology,* **41**, 258-290.

大橋正夫　1979　他者についての理解と判断　大橋正夫・佐々木　薫（編）　社会心理学を学ぶ　有斐閣

奥田秀宇　1997　人をひきつける心―対人魅力の社会心理学―　セレクション社会心理学　17　サイエンス社

1 私の子ども時代——乳幼児期と母子関係——

　私たちが生まれてから最初に出会う対人関係は母子関係です。そして乳幼児期の重要性は，「三つ子の魂百まで」ということわざを引き合いにするまでもなく，感覚としてよくわかるものでしょう。

　心理学では，この乳幼児期の母子関係の研究として興味深いものがあります。

　ハーロウ（Harlow, H. F., 1958）は，赤毛サルの子どもを用いて次のような実験を試みました。

　まず，子ザルを母親から隔離して，針金でつくった母親大の人形と，布でつくった母親大の人形を与えたところ，子ザルは布でつくった人形にしがみついて過ごすことが多かったというのです。この傾向は，両方の人形から哺乳できるようにしてあっても同様で，針金の母親人形から哺乳はするものの，大きな音に驚いたときにも，布の母親人形にしがみつく反応が見られたそうです。このことは，空腹を満たすだけが母親との関係ではなく，その感触を含めて，安心感を得ることも重要な要素であることを示しているといえるでしょう。

　また，スピッツ（Spitz, R. A., 1945）は，乳児院の子どもたちを観察し，栄養が十分であっても，発育があまりよくないことを指摘しています。そして，その子どもたちは，極端な場合は泣いたり笑ったりすることもなくなり，食欲も衰えて回復できなくなってしまうというのです。

　もちろん，この研究は過去の研究で，現在の乳児院では保育士が担当制をとったりして，かかわりを強くしてこのようなことのないように配慮されています。しかし，こういった実験や観察から私たちがなんとなく考える以上に母子関係は子どもにとって大きな影響をもっていることがうかがわれます。

　なお本章では母子関係を扱いますが，これは「人生初期の子どもにとってもっとも重要な対人関係における対象」という意味であり，必ずしも母親でなくてはならないという意味ではありません。

基礎知識

母子関係は相互関係

　私たちは母子関係というと，母親がどのように愛情を注いだのかといった観点から見てしまいがちですが，心理学では母子関係は相互関係ととらえています。つまり，子どもの反応が母親の母性的な行動をより刺激して，またその行動が子どもの母親を求める行動をより引き出していくといった，相互関係が母子関係の基礎となるといわれています。
　この章では，マーラー（Mahler, M. S.）の理論と愛着理論を中心に勉強しましょう。

マーラーの分離－個体化理論

　児童精神医学者のマーラーは，子どもの発達の観察から子どもの精神発達を「分離－個体化過程」としてとらえています。子どもは生物学的に生まれても，心理学的にはまだ一個の独立した人間としては生まれておらず，生後3年くらいかけて母親との絶対的依存，共生的関係を経て，やっと分離－個体化し，心理的に誕生するというものです。つまり，この理論では，正常な分離－個体化が達成されるためには，健全な共生的関係が親子の間で十分に体験されていることが重要であるというわけです。表1-1にその過程をまとめてみました。この過程を見ると，母子関係が微妙な情緒的交流を含んでいることがわかると思います。

表1-1　マーラーの分離－個体化過程

正常な自閉期		1, 2ヶ月まで	胎児期の延長の状態。生理的側面が優位で，自他の区別ははっきりしない。
共生期		5ヶ月頃まで	母親と一心同体のように過ごす時期。ここでの十分な体験が情緒発達の前提となる安心感につながるとされている。
分離－個体化期	分化期	1歳頃まで	共生期的母子関係から，身体像の分化が始まる時期。母親と自分の区別がつき始めると同時に，母親と他の人との区別もつき始め，いわゆる「人見知り」が見られるようになる。
	練習期	1歳半頃まで	ハイハイや歩行ができるようになって，外の世界への関心が高まる時期で，母親から離れては戻ることを繰り返す。
	再接近期	2歳頃まで	母親から分離することに慣れてくるが，同時に母親から制止を受けたりすることによって，かえって母親との関係に不安を感じて「分離不安」を高める時期。母親の側の分離不安も見られるが，十分な励ましが望まれる。
対象恒常性の獲得		それ以降	子どもの分離－個体化の方向を一貫して肯定的に対応していくと，母親のイメージは子どものなかで安定して内的に取り込むことができるようになる。そのことによって，子どもは母親から離れて過ごすことができるようになる。

愛 着 理 論

　愛着理論とはイギリスの精神分析学者であるボウルビィ（Bowlby, J.）が提唱した理論で，母親との情緒的で親密なつながりに関する理論です。ボウルビィは，孤児院などで母親と離れて生活する乳幼児の情緒的発達の問題を見いだし，マターナル・デプリベーション（母性剥奪）という概念を提唱しました。彼の理論の中でも有名な概念として知られています。

　最近心理学のさまざまな分野で注目を集め，盛んに研究が行なわれているのが内的作業モデル（Internal Working Models，以下，IWMと略す）という概念です。IWMとは愛着関係のなかで形成されてゆく個人に特有の自己−他者関係モデルで，「他者は自分の要求にどの程度応じてくれる存在なのか，自分は他者にどの程度受け入れられている存在なのか」といったことに関するモデルといえます。

　IWMについてはさまざまな測定尺度が開発されていますが，多くが幼児期の愛着パターンに対応した以下の3パターンを測定するものとなっています。

　(1) **安定型　愛着パターン**：他者は応答的で自己は援助される価値のある存在という表象をもつもので，「私はわりあいにたやすく他人と親しくなれるし，また相手に気楽に頼ったり頼られたりすることができる。仲良くなった人たちとはこれからもずっと親しくしていけると思うし，また安心してお互いに何でもうちあけられる（詫摩ら，1988）」というタイプです。

　(2) **回避型　愛着パターン**：他者は拒否的で援助が期待できないことから，自己はこれを補うための自己充足的な存在という表象をもつもので，「私はあまり気軽に人と親しくなれない。人を全面的には信用できないし，人に頼ったり頼られたりするのがへた（詫摩ら，1988）」というタイプです。

　(3) **アンビバレント型　愛着パターン**：他者に対して信頼と不信のアンビバレントな表象＊をもち，自己不全感が強く，「時々人はいやいやながら私と親しくしてくれているのではないかと思うことがある。たとえば恋人が本当は私を愛してくれていないのではないかとか，私と一緒にいたくないのではないかとしばしば心配になることがある（詫摩ら，1988）」というタイプです。

・**愛着のパターンの可変性**

　多くの研究から，最近では，愛着パターンは生涯を通じての対人関係を決定づけるような土台となるものの，それは決して不変ではなく，その後の体験や重要な他者との出会いなどによって変化しうるものであるということが言われています。

・**臨床心理学分野での研究**

　1990年代から被虐待児や発達障害児における愛着パターンなどの研究が盛んに行なわれています。特に臨床領域においては，治療による愛着パターンの修復あるいは改善が重要な研究テー

　＊注　表象　心に浮かべる像（イメージ）

マとなっています。

・**幼児期の愛着と青年期の対人関係**

　幼児期の愛着パターンが青年期の愛着パターンに関連するという報告や，安定した幼児期の愛着は青年期の安定した対人関係を示唆する研究が比較的多く見られます。ただし，幼児期との関係を測定する場合，回想法（幼児期の母との関係を思い出して質問紙に答える）による研究が多く，結果が実際の過去の母子関係を反映しているのかといった疑問が残り，こうした研究は，まだその途上にあるといえるでしょう。

やってみよう！ ―内的作業モデル尺度―

戸田（1988）によって開発された，成人の内的作業モデル尺度を用いて，自分の内的作業モデルを評価してみましょう。

	非常によくあてはまる	あてはまる	ややあてはまる	あまりあてはまらない	あてはまらない	全くあてはまらない
	6	5	4	3	2	1

1. 私は知り合いができやすい方だ。
2. 人は本当はいやいやながら私と親しくしてくれているのではないかと思うことがある。
3. 人に頼るのは好きでない。
4. 私はすぐに人と親しくなる方だ。
5. 時々友達が，本当は私を好いてくれていないのではないかとか，私と一緒にいたくないのではと心配になることがある。
6. 私は人に頼らなくても，自分一人で充分にうまくやって行けると思う。
7. 私は人に好かれやすい性質だと思う。
8. 自分を信用できないことがよくある。
9. あまりにも親しくされたり，こちらが望む以上に親しくなることを求められたりすると，イライラしてしまう。
10. たいていの人は私のことを好いてくれていると思う。
11. あまり自分に自信がもてない方だ。
12. あまり人と親しくなるのは好きでない。
13. 気軽に頼ったり頼られたりすることができる。
14. 私はいつも人と一緒にいたがるので，ときどき人から疎まれてしまう。
15. 人は全面的には信用できないと思う。
16. 初めて会った人とでもうまくやっていける自信がある。
17. ちょっとしたことで，すぐに自信をなくしてしまう。
18. どんなに親しい間柄であろうと，あまりなれなれしい態度をとられると嫌になってしまう。

結果の整理とふりかえり

Ⅰ．結果の整理

選択肢の数値を次の尺度ごとに合計したものが，あなたの各尺度の得点になります。

安定尺度＝質問項目 No. 1 + 4 + 7 + 10 + 13 + 16 ＝ [　　　] 点

アンビバレント尺度＝質問項目 No.2 + 5 + 8 + 11 + 14 + 17 ＝ [　　　] 点

回避尺度＝質問項目 No.3 + 6 + 9 + 12 + 15 + 18 ＝ [　　　] 点

Ⅱ．解　説

もっとも高い尺度があなたの内的作業モデルの型を示しているといえます。各型の特徴は66ページの愛着理論を参照してください。

私の型は [　　　　　　] 型

ヘイザンとシェイバー（Hazan, C., & Shaver, P., 1987）の愛着尺度質問紙による成人の愛着タイプに関する調査によると安定型が56％，回避型が25％でアンビバレント型が19％と報告されています（戸田，1988）。

Ⅲ．ふりかえり

・この章を終えて，あなたはどのような自分に気づきましたか。
・私はこれから，

引用文献
Hazan, C., & Shaver, P.　1987　Romantic Love Conceputualized as an Attachment Process. *Journal of Personarity and Social Psychology*, **58**, 644-663.
詫摩武俊・戸田弘二　1988　愛着理論からみた青年の対人態度―成人版愛着スタイル尺度作成の試み―　東京都立大学人文学報, **196**, 1-16.
戸田弘二　1988　内的作業モデル尺度　堀　洋道監修　吉田富二雄編　心理測定尺度集Ⅱ　サイエンス社　pp.109-116.

参考文献
Harlow, H. F.　1958　The Nature of Love. *American Psychologist*, **13**, 673-685.
Mahler, M. S., Pine, F., & Bergman, A.　1975　*The Psychological Birth of the Human Infant*. Basic Book.（高橋雅士・織田正美・浜畑　紀訳　2001　乳幼児の心理的誕生―母子共生と個体化　黎明書房）
Spitz, R.A.　1945　Hospitalism; An Inquiry into The Genesis of Psychiatric Conditions in Early Childhood. *Psychoanalytic Study of the Child*, **1**, 53-74.

2 対人関係をふりかえる ―対人地図―

　この絵は，小学校5年生の女の子が「家族で何かしているところ」という教示で描いた家族画です。彼女は朝になると腹痛がひどく，そのため不登校になってしまったということで，母親に連れられて病院を訪れました。主治医の診察では身体的には問題がないとのことでした。そこで腹痛も不登校も心理的な要因の可能性が強いということで，心理相談にやってきたのです。この絵は初回面接時に描いてもらったものです。彼女の説明は「家族で散歩している。お母さんとお姉ちゃんは二人で景色を見ている。私は一人で歩いている。お父さんは後の方からついてくる。」というものでした。

　みなさんはこの絵を見て，彼女の家族関係についてどう思われますか？「目は口ほどに物を言う」ということわざがありますが，これは「絵は口ほどに物を言う」のよい例でしょう。

　この章では，家族を含めてあなたのこれまでの対人関係について視覚的にふりかえってみましょう。

基 礎 知 識

現代の対人関係

　現代の対人関係を考えると，子どもではいじめの問題，大人になると職場で人づきあいがうまくできないといった問題や，子育てできない母親など，出てくるのは困ったことばかりです。では，なぜ現代は対人関係が希薄化し，人づきあいが難しくなってきたのでしょうか。吉森（1991）は，それについて次のような要因をあげています。

(1) **家族・家庭の変容**：核家族化により人間相互の接触の絶対量が減少し，子どもたちの人間関係のスキルを未熟にしている。
(2) **地域社会の変容と過疎・過密**：従来の地域共同体が解体され，孤立化している。
(3) **機能社会化と組織の巨大化**：組織は人々を歯車化し，疎外している。
(4) **機械化と省力化**：生産の場で機械が人間にとって代わり，人々は冷ややかな機械－人間関係で働くようになっている。
(5) **情報の増大と活動範囲の拡大**：情報量の増大によりパーソナルなコミュニケーションの役割が縮小し，活動範囲の拡大により人間関係は刹那的・表面的・部分的になった。
(6) **競争の激化**：競争を原理とする資本主義は，他者への不信・自己中心主義を醸成する。
(7) **人間関係のルールの変容**：伝統的な儒教による人間関係のルールが後退し，それに代わる新たなルールが確立されないまま人間関係が大きく変化している。

対人間の距離

　ホール（Hall, E. T., 1966）は，対人間の心理的距離に対応する物理的距離を以下のような4段階と8つの相に分けています。つまり2人の物理的距離を見れば心理的な距離もわかるというわけです。

(1) **密接距離（intimate distance）**：ごく親密な関係の距離。
　①近接相（0～15cm）：愛撫・保護などの距離で，主として皮膚接触によるコミュニケーションがなされる。
　②遠方相（15～45cm）：手を握るなどの距離。
(2) **個体距離（personal distance）**：対話や会話の距離で，個人的な親しい関係。
　③近接相（45～75cm）：相手を抱いたり，つかまえたりできる距離。
　④遠方相（75～120cm）：個人的な用件の会話や路上での立ち話の距離。

(3) **社会距離**（social distance）：会議・討議・ビジネスのための距離。
　⑤近接相（120〜210cm）：個人的でない用件を話すときの距離。
　⑥遠方相（210〜360cm）：形式ばった社交やビジネスのための距離。この距離では隔絶され，別々のことをしてもかまわない。
(4) **公衆距離**（public distance）：講義・講演などの距離で，相手に個人を意識させない距離。
　⑦近接相（360〜750cm）：聴衆はもはや話し手に関与することが少ない。一方的なコミュニケーションになる。
　⑧遠方相（750cm〜）：街頭演説など，声は増幅され，テンポをゆっくりし，身振りを入れるなどして話さないと伝わらない。

対人関係のレベル

　対人関係の成立は，最初は相手の存在に気づくことから始まります。そして最終的には恋人同士のような親密な関係に発展する場合から，表面的な関係にとどまる場合などレベルはさまざまです。レヴィンガーら（Levinger, G. et al., 1972）は対人関係のレベルを大きく3段階に分けています。
(1) **気づきの段階**：一方的な態度または印象で，相互作用はない。
(2) **表面的接触の段階**：相手も応答し，ある程度情報を共有するが，コミュニケーションは社会的役割に基づく表面的なものが多い。
(3) **相互関係の段階**：両者の親密感が増し，相互に強い影響を及ぼすようになる。2人だけの共通のコミュニケーションがみられる。

やってみよう！ ―対人地図―

　対人関係を図形や線を使って表現したものを「対人地図」といいます。ここでは，対人地図を通して今までの対人関係をふりかえり，さらに今後の対人関係のあり方についても考えてみましょう。

1. 用意するもの
　Ｂ５程度の白紙，色鉛筆やクレパスなど（なければ鉛筆のみでもよい），はさみ，のり

2. 方　　法
（1）白紙に「自分」のイメージを表わす形を描き，その中に「自分（私）」と記入し，さらに自分を表す色で塗ってください。

（2）次に，自分と関係の深い人，自分に影響を与えた人（過去でも現在でもかまいません）を思い浮べてそれぞれのイメージを表す形を描き，そしてそれぞれの中にその人の名前，名称など（例：母，あいちゃん，Ｙさん）を記入し，さらに色付けしてください。およそ10名程度の人をあげてください。

（3）描いた形をすべて切り抜き，75ページの対人地図の用紙に，自分との関係を考えながらのりづけし，さらに線で結んだり，囲ったりするなどしてあなた自身の対人地図を作ってみてください。

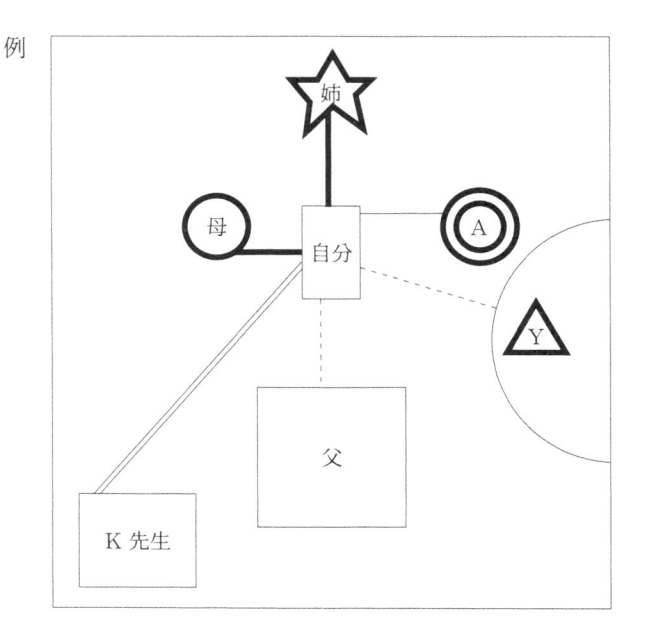

図1-1　対人地図

結果の整理とふりかえり

Ⅰ．結果の整理

以下の質問に答えながら，自分の対人関係をふりかえってみましょう。

(1) 対人地図の中でもっとも大きく描かれたのは誰ですか？

[　　　　　　　　　　　　　　　　　　　　　　　　　　　　　　　　]

(2) 「自分」にいちばん距離が近かったのは誰ですか？

[　　　　　　　　　　　　　　　　　　　　　　　　　　　　　　　　]

(3) 否定的な関係の人は描かれていますか？　それはいつ頃のどのような関係の人ですか？

[　　　　　　　　　　　　　　　　　　　　　　　　　　　　　　　　]

(4) 過去の対人関係はどのように描かれていますか？

[　　　　　　　　　　　　　　　　　　　　　　　　　　　　　　　　]

(5) 現在の対人関係はどのように描かれていますか？

[　　　　　　　　　　　　　　　　　　　　　　　　　　　　　　　　]

(6) 自分の対人地図を見て，全体の印象を述べてください。

[　　　　　　　　　　　　　　　　　　　　　　　　　　　　　　　　]

Ⅱ．解　　説

　対人地図は，みなさんの過去から現在までの重要な対人関係を一目でわかるようにしたものです。こうして地図にしてみて改めて気づいたことも多かったのではないでしょうか？
　たとえば対人地図の中の「自分」との距離は，相手との心理的距離に関係することも考えられます。またどのような形や色にしたのかによって，相手に対するイメージを考え直すこともできるでしょう。

対人地図の決まった見方というものはありません。みなさんがそれぞれの対人地図を見て気づいたこと，それこそが大切なことなのです。

そして，これからの対人関係にその気づきを生かしていくにはどうしたらいいのか，ということもぜひ考えてみてください。

Ⅲ．ふりかえり

・この章を終えて，あなたはどのような自分に気づきましたか。

　

・それは，どのような結果によって気づきましたか。

　

引用文献
Hall, E. T.　1966　*The Hidden Dimension*. Doubleday & Company.（日高敏隆・佐藤信行訳　1970　かくれた次元　みすず書房）
Levinger, G., & Snoek, J. D.　1972　*Attraction in Relationships: A New Look at Interpersonal Attraction*. Morristown, NJ: General Learning Press.
吉森　譲編著　1991　人間関係のハンディブック　北大路書房

参考文献
斎藤　勇　1986　対人心理の分解図　誠信書房

「不登校の変遷」

　不登校は，以前は"特別な事例"として扱われていましたが，近年では学校現場でも一般的な事例としてとらえられるようになっています。不登校の研究が本格的になされ始めたのは，ジョンソンら（Johnson, A. M. et al., 1941）の研究に端を発していますが，当初は「学校恐怖症（school phobia）」と呼ばれ，恐怖症という神経症的なメカニズムを前提としていました。

　その後の研究で，非行などが関連するタイプ，生活習慣の未成立などを含む怠けタイプ，そして発達障害の二次的な問題として現われるタイプなどの存在が指摘され，この状態は1つの疾患ではなく，「何らかの心理的理由によって，学校へ行かない，もしくは，行くことができない現象」を表すとされ，その呼び方も「登校拒否」，そして現在では「不登校」と呼ばれるようになりました。

　この不登校の現状としては，10年以上にわたって急激な増加を見てきましたが，平成13年度を境にわずかではありますが減少の傾向に転じています。学校現場での取り組みが功を奏してきたことも考えられますが，実際に本格的な不登校とはならなくても，潜在的な学校嫌いの児童・生徒の増加も示唆され，必ずしも楽観視できないと考えられます。こういった傾向については，予防的な側面として学校メンタルヘルスへの取り組みが不可欠になるといえます。

　不登校への治療的対応についても，多様化する姿に応じた方針が必要とされ，画一的な方法では対処しきれない様相が見られます。特に，柔軟な視点から本人を援助することに加えて，家族への援助，専門機関と学校との連携など幅広い視野が求められています。

文献
Johnson, A. M., Falstein, E. I., Szurek, S. A., & Svendsen, M.　1941　School Phobia. *American Journal of Orthopsychiatry*, 11, 702-11.

3 対人態度を知る ―基本的対人態度―

　私たちは一人ひとり，人とかかわるときの姿勢にあるパターンをもっています。その姿勢のことを対人態度と呼びます。対人態度はもって生まれた側面もあるでしょうが，それまでの人生の経験の積み重ねが深く影響を及ぼしていると考えられます。

　たった1回の成功体験から，それまで引っ込み思案だった人が，積極的になるといったこともあるでしょう。反対に，それまで気にせずにいたことが，誰かに一言いわれたことからすごく気になりだして，それから人に接するときにはおどおどしてしまうようになるといったこともあるでしょう。

　私たちは，生まれてから人のなかで暮らしていきます。そのなかでさまざまな刺激を受けたり，愛情を受けて安心感を得たりしていきます。その意味で対人関係はきわめて重要なものといえるでしょう。そして重要なだけに，しばしば不安・緊張を感じる場面ともなります。豊かなバランスのとれた対人関係は私たちを安心させてくれるでしょうし，硬くこわばった対人関係は私たちのこころをギスギスとしたものとしてしまうでしょう。

　この章では，あなたの対人関係の特徴を検討し，今後の課題についても考えてみたいと思います。

基礎知識

基本的不安と神経症的欲求

　ドイツの精神分析医であるホーナイ（Horney, K., 1951）は，基本的不安（basic anxiety）に関する理論を提唱しました。彼女は神経症に共通する反応の硬さ（rigidity in reaction）や潜在能力（potentiality）と実際の業績（accomplishment）のずれなどの背景には基本的不安があると考えました。基本的不安とは「欺瞞，からかい，攻撃，屈辱，裏切り，嫉妬などが渦巻く世のなかで自分は一人見捨てられ，無力で危険にさらされている存在である」といった感情のことです。これは幼児期における両親との関係のなかで，自己確信感や見返りを求めない愛が得られなかった結果と考えられます。そして，人はこの基本的不安に対する防衛として非合理的な性質をもつ「神経症的欲求」を発展させることになります。

神経症的欲求の分類

　ホーナイは，この神経症的欲求について表3-1のようにまとめています。

表3-1　神経症的欲求の分類

人に向かう動き	1	情愛と承認を求める欲求
	2	自分の人生を引き受けてくれるパートナーに対する欲求
人に反発する動き	3	権力への欲求
	4	他人を搾取しようという欲求
	5	威信を求める欲求
	6	個人的賞賛への欲求
人から離れる動き	7	自分の人生を狭い範囲に限ろうとする欲求
	8	個人的成就に対する神経症的野心
	9	自己充足と独立の欲求
	10	完全で難攻不落の状態を求める欲求

彼女は上記のように，「人に向かう動き（toward）」，つまり依存（1と2），「人に反発する動き（against）」，つまり攻撃（3〜6），「人から離れる動き（away from）」，つまり離反（7〜10）の3つの基本的態度にまとめ，これらを基本的葛藤（basic conflict）と呼びました。人に向かう動きの中心的不安には無力感があり，反発する動きには敵意があり，人から離れる動きには孤立があります。

そして，正常な人間はこれらを統合したり，周囲の状況や自己の内部の必要性に応じて使い分けていますが，神経症的な人はそれができず，1つの型だけを意識的に認めたり，理想自我を現実として認識したり，葛藤を投影（外在化）するのです。

ホーナイの提唱した基本的態度に肯定的な側面を取り入れて，西平（1964）は基本的対人態度測定インベントリーを作りました。ここではこれをもとにあなたの基本的対人態度について考えてみましょう。

やってみよう！ ─基本的対人態度測定インベントリー─

次の各質問に対して日頃のあなたと他者との関係を考えて適当なところに○印をつけてください。わからない場合は「普通の程度」につけてください。

	決してそういえない	必ずしもそうでない	普通の程度	まあそういえる	非常にそうだと思う

1. 私は人に対して暖かく世話することが好きだ。　　　　　　0 ── 1 ── 2 ── 3 ── 4
2. 私は人に対して忠告したり，意見を言ったりする。　　　　0 ── 1 ── 2 ── 3 ── 4
3. 私は人に対してあまり干渉しないことにしている。　　　　0 ── 1 ── 2 ── 3 ── 4
4. 私は人がいないと寂しいので，いつも人と一緒にいたい。　0 ── 1 ── 2 ── 3 ── 4
5. 私は人と争うこと（喧嘩，口論）が多い。　　　　　　　　0 ── 1 ── 2 ── 3 ── 4
6. 私は人と会いたくないことが多い。　　　　　　　　　　　0 ── 1 ── 2 ── 3 ── 4
7. 私は人のいうことに素直である。　　　　　　　　　　　　0 ── 1 ── 2 ── 3 ── 4
8. 私は人を指導（リードする）する力がある。　　　　　　　0 ── 1 ── 2 ── 3 ── 4
9. 私は一人でコツコツ仕事をすることを好む。　　　　　　　0 ── 1 ── 2 ── 3 ── 4
10. 私は人に対して臆病で逃げ腰である。　　　　　　　　　 0 ── 1 ── 2 ── 3 ── 4
11. 私は人に対して傲慢である。　　　　　　　　　　　　　 0 ── 1 ── 2 ── 3 ── 4
12. 私は人に対して冷淡である。　　　　　　　　　　　　　 0 ── 1 ── 2 ── 3 ── 4
13. 私は年上の人から可愛がられる。　　　　　　　　　　　 0 ── 1 ── 2 ── 3 ── 4
14. 私は年下の人から尊敬される。　　　　　　　　　　　　 0 ── 1 ── 2 ── 3 ── 4
15. 私は一人で本を読んだり散歩することを好む。　　　　　 0 ── 1 ── 2 ── 3 ── 4
16. 私は人から甘えっ子だと思われている。　　　　　　　　 0 ── 1 ── 2 ── 3 ── 4
17. 私は人からこわい人だと思われている。　　　　　　　　 0 ── 1 ── 2 ── 3 ── 4
18. 私は人から冷たい人だと思われている。　　　　　　　　 0 ── 1 ── 2 ── 3 ── 4
19. 私は人から暖かい人だと思われている。　　　　　　　　 0 ── 1 ── 2 ── 3 ── 4
20. 私は人から頼もしい人だといわれている。　　　　　　　 0 ── 1 ── 2 ── 3 ── 4
21. 私は人から謹厳な人だといわれている。　　　　　　　　 0 ── 1 ── 2 ── 3 ── 4
（註：「謹厳」－つつしみ深く，軽々しくなくまじめなこと）。　 0 ── 1 ── 2 ── 3 ── 4
22. 私は人生はなんとなく心細く，恐ろしいと思う。　　　　 0 ── 1 ── 2 ── 3 ── 4
23. 私は人生は闘いの場所であり，勝利者にならなければと思う。　0 ── 1 ── 2 ── 3 ── 4

| | 非常にそうだと思う | まあそういえる | 普通の程度 | 必ずしもそうでない | 決してそういえない |

24. 私は人生は結局孤独（ひとりぼっち）なのだと思う。　　0 —— 1 —— 2 —— 3 —— 4
25. 私は人のいうことを気にする方だ。　　0 —— 1 —— 2 —— 3 —— 4
26. 私は人がどう思っても，平気で自分の信じたままをどしどし実行する。　　0 —— 1 —— 2 —— 3 —— 4
27. 私は人のいうことに無関心な方だ。　　0 —— 1 —— 2 —— 3 —— 4
28. 私は人嫌いではないが，人前にでると恥ずかしがりだ。　　0 —— 1 —— 2 —— 3 —— 4
29. 私は一般に反抗的である。　　0 —— 1 —— 2 —— 3 —— 4
30. 私は一般に非社会的である。　　0 —— 1 —— 2 —— 3 —— 4

（西平，1964）

結果の整理とふりかえり

Ⅰ. 結果の整理

採点は，0（決してそういえない）は0点，1（必ずしもそうでない）は1点，2（普通の程度）は2点，3（まあそういえる）は3点，4（非常にそうだと思う）は4点として算定表に記入して，各行の合計点を右端の合計欄に記入します。

表3-2　結果の算定表

Tg	1	7	13	19	25	計
Ag	2	8	14	20	26	計
Ig	3	9	15	21	27	計
Tp	4	10	16	22	28	計
Ap	5	11	17	23	29	計
Ip	6	12	18	24	30	計

次にTgとTpの合計をTの欄に，AgとApの合計をAの欄に，IgとIpの合計をIの欄に記入します。また，Tg，Ag，Igの3つを加えた値をg，Tp，Ap，Ipの3つを加えた値をpとしてg/pの値を算出します。

最後に，得られた値を図3-1にプロットし，それらを線で結ぶと「基本的対人態度プロフィール」が完成します。実線が平均を示し，点線と点線の間は平均域にあることを表わしています。

図3-1 基本的対人態度プロフィール

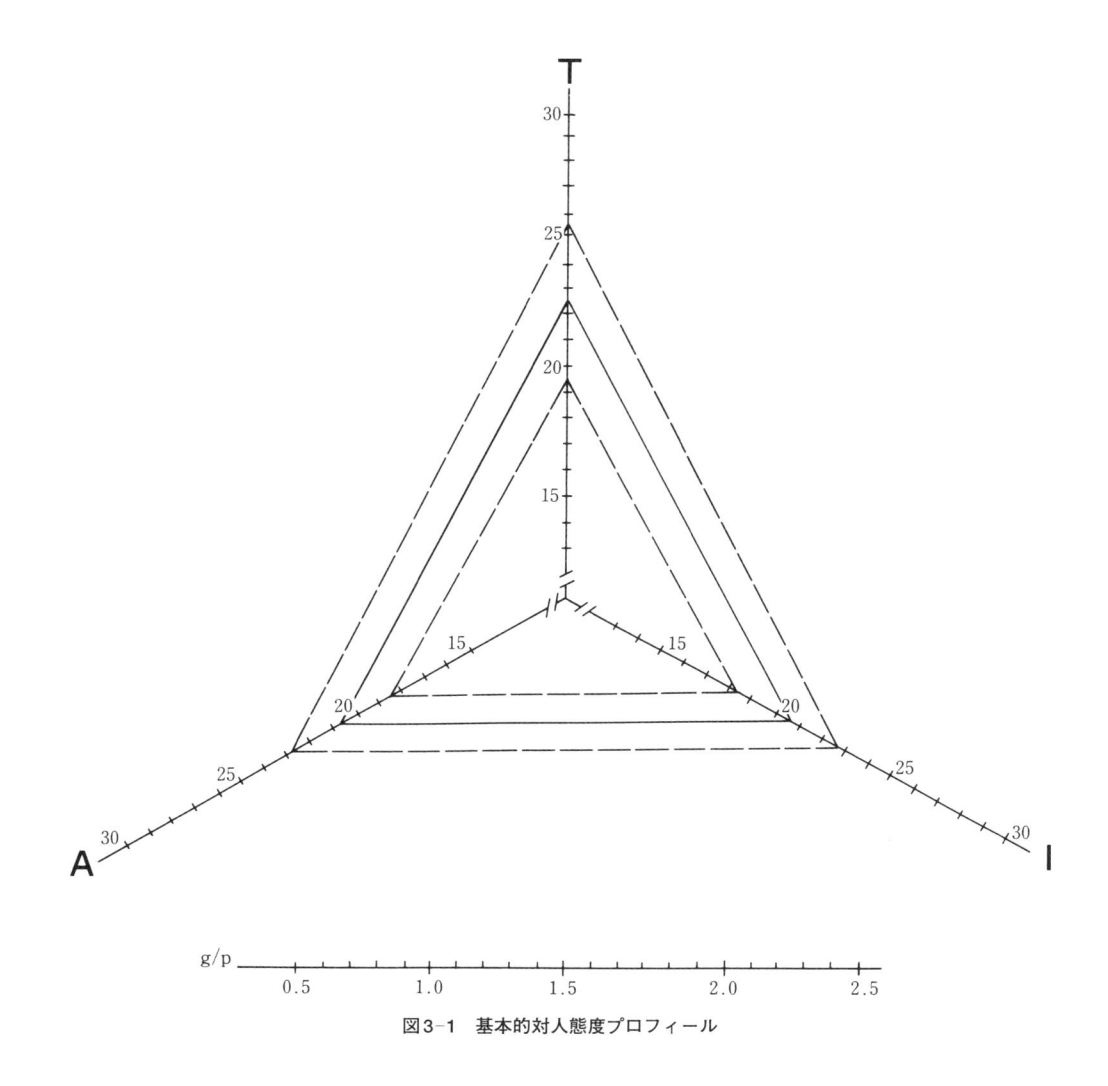

表3-3 結果の算出

T (Tg+Tp)	
A (Ag+Ap)	
I (Ig+Ip)	

$$\frac{g(Tg+Ag+Ig)}{p(Tp+Ap+Ip)} = \underline{} =$$

Ⅱ. 解　説

各尺度は次のように解釈されます。

T（依存・親和）は，ホーナイのいう「人に向かう動き（moving toward people）型」にあ

てはまります。つまり，すべてのことがらを他人の愛情や是認によって評価し，愛情・承認・帰属感の欲求がすべてに優先する自己否定的な側面と，愛情深さ・寛容・民主的態度・幸福な人間関係と連帯感などの積極的な側面とをあわせもちます。

　A（敵対・指導）は，ホーナイのいう「人に反発する動き（moving against people）型」にあてはまります。憎しみや敵意や嫉妬心を不安の中核に抱き，他人はすべて自分との競争者であると考えるタイプのことですが，そういった憎しみや嫉妬や虚栄が感情を支配し，権威主義的な態度や攻撃的な行動が中心となる否定的な側面だけでなく，積極的な人生態度・企画性・実行力に富んだ指導力といった健康的な側面もあわせもちます。

　I（孤立・独創）は，ホーナイのいう「人から離れる動き（moving away from people）型」にあてはまります。他人のなかに自己の欲求を満たすべきものを見いだそうとせず，できる限り人を避けようとするタイプをさし，そのなかには優越感や合理化や感情鈍麻などが隠されている可能性があります。しかし一方で，物を収集したり思索したり芸術的な創作に没頭する傾向があり，地味な着実さ・謹厳なものごし・あることへの専念・独創的な仕事・独立独歩の責任感などもあわせもっています。

　また，g（good）はT，A，Iに関係なく，素直さや尊敬されるなどの好ましい対人関係を示し，逆にp（poor）は甘えや喧嘩などの好ましくない対人関係を示します。したがってg/pの値が1.5よりも高ければ，あなたは対人関係においてパーソナリティの良い面が生かされやすく，1.5よりも低ければ，対人関係においてパーソナリティが否定的に働きやすいことを示しています。

　あなたの結果を見て，あなたの今までの経験のどのような部分が影響しているか考えてみてください。

Ⅲ．ふりかえり

・この章を終えて，あなたはどのような自分に気づきましたか。

・それは，どのような結果によって気づきましたか。

引用文献

Horney, K. 1951 *Neurosis and Human Growth: The Struggle Toward Self-Realization.* London: Routledge & Kegan Paul.
西平直喜　1964　青年分析　大日本図書
斉藤　勇編　1987　対人社会心理学重要文献集1　誠信書房

4 人とのかかわり方 ―社会的スキル―

　学校でのいじめの問題は最近に始まった現象ではありませんが，いじめによる自殺者が出て以来，教育現場では深刻な問題としてその対策が急がれています。関係者によると最近のいじめは，陰湿化し，長期にわたって集団で徹底的に攻撃するというような形をとることもあるということです。そこには対人関係における最低限のルールも何もありません。こういった対人関係の問題は，いじめに限ったことではありません。

　たとえば子育てをする若い母親のなかには，公園へ行ってもお母さん仲間の輪に入れないとか，一日中外出せずに，家のなかで子どもの相手をしている母親も増加しているといわれています。さらに若い男女においては，晩婚化や未婚率の上昇がいわれています。またサラリーマンの転職も今や珍しいことではなくなってきました。これらの社会現象の背景に，多かれ少なかれ対人関係の問題が潜んでいることは明らかなことと思われます。

　幼稚園時代からファミコンを遊び相手として，成長すればパソコン，そして仕事も買物も最近ではインターネットの時代です。いずれ，人とかかわらなくても一生を大過なく終えることのできる時代が到来するのかもしれません。しかし私たちは「人と人との間に生きる」からこそ"人間"として存在しているのです。もしも人とかかわり合うことなく生きられる時代になったら，筆者はとても寂しい気持ちになりますが，みなさんはいかがですか。

　この章では，円滑な対人関係について考えてみることにしましょう。

基礎知識

社会的スキルとは

　社会的スキル（social skills）とは，研究者により定義はさまざまですが，一言で言えば対人関係を保っていくために有用な行動とされています。スキルとは「技能」のことですが，一般に「社会的スキル」とそのまま用いられています。

　さて社会的スキルの主な特徴ですが，まず第一に学習可能であることがあげられます。すなわち何らかの訓練によって対人行動を改善することは可能であると考えているということです。さらにもう1つの大きな特徴として，スキルは階層構造をもっているということがあります。これはたとえば「会話をする」というスキルはあいさつする，今日の天気などのちょっとした話をする（スモール・トーク），自分の話したい話題をもちだす，などの具体的な行動からできています。このレベルをサブスキルと呼びます。表4-1は基本的な社会的スキルの一覧表です。

　社会的スキル研究は1970年代から，主にアメリカとイギリスで盛んに行なわれるようになり，我が国でも1980年代から，研究だけでなく実際の社会的スキル訓練が盛んになってきました。

社会的スキル訓練

　こういったスキルを身につけるための訓練が社会的スキル訓練（Social Skills Training：SST）と呼ばれるものです。これにはさまざまな方法があり，たとえばグループによるトレーニング（Tグループやエンカウンター・グループなど）か個人レベルでのトレーニングか，トレーニングのプログラムは構成法か非構成法か，などにより訓練内容も異なってきます。以下に一般的な社会的スキル訓練の手順を紹介しましょう（山本，1996）。

(1) **教示**：必要とされるスキルについての情報を伝達する。どのような行動が必要で，どのように実行すればよいかについて理解させる。
(2) **モデリング**：その行動を実際にモデルが演じたり，ビデオにより提示する。
(3) **リハーサル練習**：その行動を繰り返し，練習する。
(4) **フィードバック**：学習している行動がどれくらいうまく実行できたかについての情報を与える。
(5) **社会的強化**：目的とする行動が行なわれた場合や進歩がみられた場合，賞賛を与える。

表4-1 社会的スキル100項目

〔A〕 基本となる スキル	1｜聞く　2｜会話を始める　3｜会話を続ける　4｜質問する　5｜自己紹介をする　6｜お礼をいう　7｜敬意を表わす　8｜あやまる　9｜納得させる　10｜終わりのサインを送る
〔B〕 感情処理の スキル	11｜自分の感情を知る　12｜感情の表現をコントロールする　13｜他人の感情を理解する　14｜他人の怒りに対応する　15｜他人の悲しみに対応する　16｜愛情や好意を表現する　17｜喜びを表現する　18｜思いやりの心をもつ　19｜おちこみ・意欲の喪失に耐える　20｜恐れや不安に対処する
〔C〕 攻撃に代わる スキル	21｜分け合う　22｜グチをこぼす　23｜ユーモアにする　24｜ファイトを保つ　25｜和解する　26｜他人とのトラブルを避ける　27｜自己主張する　28｜自己統制する　29｜いじめを処理する　30｜許可を求める
〔D〕 ストレスを処理する スキル	31｜ストレスに気づく　32｜不平を言う　33｜苦情などを処理する　34｜失敗を処理する　35｜無視されたことを処理する　36｜危機を処理する　37｜気分転換する　38｜自分の価値を高める　39｜矛盾した情報を処理する　40｜集団圧力に対応する
〔E〕 計画の スキル	41｜何をするか決める　42｜問題がどこにあるか決める　43｜目標を設定する　44｜自分の能力を知る　45｜情報を集める　46｜情報をまとめる　47｜問題を重要な順に並べる　48｜決定を下す　49｜仕事に着手する　50｜計画を立てる
〔F〕 援助の スキル	51｜相手の変化に気づく　52｜相手の要求を知る　53｜相手の立場に立つ　54｜まわりをみる　55｜同じ気持ちになる　56｜援助の失敗に対応する　57｜自分のできることを知る　58｜気軽にやってみる　59｜相手によろこんでもらう　60｜自分の立場を知る
〔G〕 異性とつきあう スキル	61｜デートの相手を選ぶ　62｜自分の情熱を相手に伝える　63｜相手の気持ちを理解する　64｜デートを上手にこなす　65｜相手との親しさを増す　66｜愛することを決意する　67｜ケンカを上手にこなす　68｜恋愛関係を維持する　69｜悪化のサインを読みとる　70｜性別や人による恋愛の違いを知る
〔H〕 年上・年下と つきあう スキル	71｜話を合わせる　72｜相手を立てる　73｜上手にほめる　74｜相手を気づかう　75｜相手の都合に合わせる　76｜相手のレベルに合わせる　77｜だらだら話につきあう　78｜バカにされてもつきあう　79｜「わかった」と言わない　80｜上手に叱る
〔I〕 集団行動の スキル	81｜参加する　82｜集団の意義を見いだす　83｜仕事に集中する　84｜誰に知らせるか　85｜規範に従わせる　86｜指示に従う　87｜決定する　88｜会議をする　89｜グループシンクを防ぐ　90｜グループ内の葛藤を処理する
〔J〕 異文化接触の スキル	91｜キー・パーソンを見つける　92｜メタ・レベルで調整する　93｜「同じ」と「違う」を同時に受け入れる　94｜異文化を取り込む　95｜文化的拘束に気づく　96｜意向を伝える・意向がわかる　97｜判断を保留し先にすすむ　98｜相手文化での役割行動をとる　99｜自分の持ち味を広げる　100｜関係を調整する

(菊池・堀毛, 1994)

自己主張のスキル

　アメリカでは，社会的スキル訓練といえば多くがその中心は自己主張訓練（アサーション・トレーニング）のことです。日本のように自己主張しなくても周囲が配慮してくれるといった文化とは異なり，やはりアメリカでは自己主張のスキルがなければ対人関係の維持が難しいのでしょう。しかし日本においても，積極的な対人関係のためには，相手と意見が異なるときに，それがはっきり言えたり，理不尽な要求には「ノー」と言えるスキルは大切なことといえます。

　具体的な自己主張の方法について，アサーション・デスク（DESC）という方法を紹介しましょう。

　例：「同室の人が煙草を吸っている，私は煙草の煙が嫌いで困っている」

（1）D：まず最初に，自分が対応しようとする状況の客観的描写，具体的描写（Describe）をします。例：部屋に煙草の煙が充満している。

（2）E：次に，状況や行動に対する自分の気持ちを説明（Explain）します。例：相手は煙草が相当好きなんだろうが，私は頭が痛くなってきた。

（3）S：そして，具体的で現実的な解決策を提案（Specify）します。例：「煙草をしばらくやめていただけませんか」と言う。

（4）C：最後に，提案に対する肯定的あるいは否定的な結果を予測し，選択（Choose）します。例：Yesの場合→「ありがとう」と言う。Noの場合→「窓を開けていいですか」と言う。

　この方法は実際行なわなくても，頭のなかで考えてみるだけでも効果があります。みなさんも身近な例で試してみてください。

やってみよう！ —対人交渉方略—

場面 1.
　春男君と秋男君は，クラスで現代の若者の行動の特徴についてペアで調査し発表することになりました。
　春男君は，インターネットで文献を調べてまとめたいと思っていますが，秋男君は，実際に街頭でインタヴューしてまとめたいと思っていて，意見が対立しています。
　もしあなたが春男君だったら，どうしますか？
　次の8つの方法からあなたが，もっともそうすると思う順に順位を記入してください。

	対応の内容	順位
①	自分はインターネットで調べた方が好きなので，インターネットで調べることに決めてしまう。	
②	インターネットの調査はおもしろいからインターネットにしよう，と言う。	
③	インターネットの調査の方がなぜいいのかを説明して，秋男君を説得する。	
④	秋男君が怒るとこわいので，街頭インタヴューにする。	
⑤	秋男君はどうしても街頭インタヴューをしたいようなので，街頭インタヴューにする。	
⑥	なぜ街頭インタヴューがいいのかを詳しく聞いておもしろそうなら街頭インタヴューにする。	
⑦	じゃんけんで決める。	
⑧	どちらの方法によって発表した方がいい発表になりそうか，2人でよく話し合って決める。	

結果の整理とふりかえり

Ⅰ．結果の整理

回答ごとの交渉方略の特徴は次のとおりです。あなたはどのような交渉方略の特徴がみられましたか？

1) 他者変化0：自分の目標のために衝動的，非言語的に解決しようとする
2) 他者変化1：一方的な命令や自己主張により解決しようとする
3) 他者変化2：心理的影響力を意識的に用い，説得し他者の気持ちを変えることで解決しようとする
4) 自己変化0：自分を守るため，非言語的に従うかひきこもることで解決しようとする
5) 自己変化1：自分の意思をもつことなく他者に服従することで解決しようとする
6) 自己変化2：相手の希望に心理的に従って，譲歩することで解決しようとする
7) じゃんけん志向：お互いの欲求を考慮することなく，じゃんけんで解決しようとする
8) 協調的志向：自分と他者の両方の欲求と関係を考慮し，協調して解決しようとする

Ⅱ．解　　説

セルマンら（Selman, R. L. et al., 1986）は自分と他者の欲求が対立するときにその葛藤をどのように解決するかという対人交渉方略（Interpersonal Negotiation Strategy）に関する一連の研究を発表しています。以下で簡単に紹介します。

セルマンは社会的問題解決のスキル（Social Problem-Solving; SPS）における適切なモデルとしてINS（Interpersonal Negotiation Strategy）モデルを提唱しました。モデルの特徴の1つとして社会的情報処理には次の4つのステップがあるとしています。すなわち，①問題の定義—生じている社会的問題の性質を適切に定義する，②方略の産出—問題を解決するための方略を考える，③方略の選択と実行—方略を選びそれを実行する，④評価—実行の結果を評価する，の4ステップです。

また，セルマンはこうした交渉方略の発達について，①対人的葛藤を解決する方向，と②自他の欲求をいかに考慮できるか，という社会的認知の両方の発達の視点を取り入れた理論を発表しています。以下がその発達段階です。

レベル0　社会的視点取得能力は未分化で自己中心的
　　　　他者変化志向：非言語的な喧嘩，攻撃などにより衝動的に自分の目標を得ることで解決する。
　　　　自己変化志向：自分を守るために撤退する，泣く，ひきこもるなどによって解決する。
レベル1　社会的視点取得能力は分化・主観的
　　　　他者変化志向：一方的に命令して他者をコントロールすることで解決する。
　　　　自己変化志向：服従，あきらめや助けを待つなどによって，他者の希望に従うことで解決する。
レベル2　社会的視点取得能力は内省的・相互的
　　　　他者変化志向：説得，物々交換などにより他者の気持ちを変え自己優先的に解決する。
　　　　自己変化志向：相手の希望に心理的に従い，理由を聞く，2番目にやるなど譲歩によって解決する。
レベル3　社会的視点取得能力は相互的
　　　　お互いの目標を追求し，協同・相互の欲求と両者の関係を考慮して協力して解決する。

　以上のように，解決の方向には大きく他者を変えて解決する方法と自分を変えて解決する方法があります。また社会的視点取得能力とは，自分の見方と他者の見方を区別して他者の見方から考えたり，自分と他者の見方を関連づけて考えることができる能力です。レベル3は他者を変えようとするのでもなく自分を変えようとするのでもなく相互的で協調的な解決方法というもっとも発達した交渉方略である，ということになります。
　「やってみよう」の結果の自己変化と他者変化の0～2は上記の各0～2に対応しています。また「協調的志向」はレベル3に対応し，「じゃんけん志向」は，山岸（1998）によると日本人に多い解決方法とされるものです。
　日本では，質問紙による対人交渉方略の性差や発達に関する研究の結果から，年齢が上がるにつれて協調的志向が多くなること（渡部，1993），女子の方が対人調和を維持するような方略を多く用いること（渡部，1993），男子よりも女子の方が交渉方略のレベルが同年齢では早いこと（渡部，1995; 山岸，1998）などが報告されています。また鈴木ら（2008）は，より低学年の子どもたちが回答しやすいようにマンガを用いた質問紙を開発し投影法であるロールシャッハ法による結果との関係から，自己変化志向の子どものロールシャッハ反応は他者変化志向の子どもの反応よりも日本人一般児童のロールシャッハ反応により類似することを示しています。
　みなさんの，交渉方略の特徴はいかがでしたか。ここでは，葛藤場面を一つ提示しただけでしたが，社会的行動は，交渉の文脈によって異なることは一般的に知られていることです。したがって，みなさんも場面によっては他の方略を選択することも大いにあり得ることですが，

心理学では対人葛藤場面での対応をこうした視点でみることができる，ということを覚えておくことで，より冷静で客観的に自分の行動をふりかえることができるようになるとよいですね。

Ⅲ．ふりかえり

・この章を終えて，あなたはどのような自分に気づきましたか。

・それは，どのような結果によって気づきましたか。

引用文献

菊池彰夫・堀毛一也編　1994　社会的スキルの心理学　川島書店

Selman, R. L., Beardslee, W., Schultz, L. H., Krupa, M., & Podorefsky, D.　1986　Assessing adolescent interpersonal negotiation strategies : Toward an integration of structural and functional models. *Developmental Psychology*, **22**, 450-459.

鈴木伸子　2008　Application of Rorschach for Japanese Children(Ⅳ): Relationship between Rorschach and development of Interpersonal Negotiation Strategies. XIX International Congress of Rorschach and Projective Methods.

渡部玲二郎　1993　児童における対人交渉方略の発達―社会的情報処理と対人交渉方略の発達―　教育心理学研究，**41**(4)，452-461.

渡部玲二郎　1995　仮想的対人葛藤場面における児童の対人交渉方略に関する研究―年齢，性，他者との相互作用，及び人気の効果―　教育心理学研究，**43**(3)，248-255.

山岸明子　1998　小・中学生における対人交渉方略の発達および適応感との関連―性差を中心に―　教育心理学研究，**46**(2)，163-172.

参考文献

Nelson-Jones, R.　1990　*Human Relationship Skills: Training and Self-Help*. Brooks/Cole.（相川　充　訳　1993　思いやりの人間関係スキル　誠信書房）

Selman, R. L., & Yeates, K.O. 1987 Childhood social regulation of intimacy and autonomy: A developmental-constructionist perspective. In W. M. Kurtines, & J. L. Gewirts (Eds.), *Moral development through social interaction*. New York: Wiley. pp.43-101.

津村俊充・山口真人編　1992　人間関係トレーニング―私を育てる教育への人間学的アプローチ―　ナカニシヤ出版

内山伊知郎編　1996　社会心理学　建帛社

山本銀次　1996　社会的スキルの問題と構成法の活用　放送教育開発センター紀要第13号，89-104.

Yeates, K. O., & Selman, R. L. 1989 Social competence in the schools: Toward an integrative developmental model for intervention. *Developmental Review*, **9**, 64-100.

「少年非行」

　少年の非行は，ずっと以前から継続的に見られる現象です。しかし，その内容や非行少年の年齢・性別などは変化してきています。多くの研究に一致するところは，戦後の混乱期から復興期までの第Ⅰ期（昭和20年〜35年），高度経済成長期を中心とした第Ⅱ期（昭和35年〜47年），第一次石油ショックから低成長期の第Ⅲ期（昭和48年〜平成7年）に分けられ，最近ではそれ以降の第Ⅳ期といわれています。

　第Ⅰ期では，18，9歳の年長少年が貧困などの理由から窃盗などを行なった時期で，第Ⅱ期は，年齢的にはやや下がり，粗暴な現われを見せており，高度経済成長などの社会のひずみからの葛藤が背景にあるとされています。第Ⅲ期に入ると，14，5歳と低年齢化し，万引きなどの遊び型，シンナー乱用などの非社会型もしくは逃避型が見られるようになり，女子の割合も増加してきます。

　村松（2002）によれば第Ⅳ期は，①集団による事件が増加しているが，少年らの主体性・罪悪感の乏しい場当たり的なもの，②過去に非行歴のない少年の衝動的・突発的な重大事件，③入手が容易になったことからの覚醒剤事件，④対人関係がうまく結べず，共感性に乏しい少年の犯罪，といった傾向は認められるものの，それまでのようなはっきりとした特徴にまとめることが難しいとされています。

　最近の少年のおかれている状況のなかで，自己の不確実性，空虚感などが背景にあって，それらを埋めようとする行為であるという特徴を指摘する研究者もいるようですが，それぞれの事件の事情は，経済的理由ではなく家族機能が失われている，自分の進むべき道がとらえられない，対人経験の乏しさからくるかかわる技能（スキル）の問題などさまざまな課題が絡んでいるようです。さらに，虐待との関連や自分が相手から軽視されているといった認知の歪みなどの指摘もありますが，さらなる研究を待つ必要があるようです。ただし，対人関係が苦手な発達障害が原因のようにいわれる事件もありますが，発達障害そのものが問題なのではなく，周囲の不理解による二次的な問題であることは認識しておかなければなりません。

　こういった非行への対応としては，従来の懲罰的なかかわりではなく，家族を含めた環境へのアプローチ，本人の自己理解と表現を支援するかかわりなどが必要とされています。

文献
村松　励　2002　少年非行：最近の動向　臨床心理学　Vol.2 No.2　金剛出版

5 私の友人関係 —異性とかかわる，同性とかかわる—

　友人関係がうまくいくことは，疾風怒濤の青年期を乗り越えるうえでとても大きな支えとなりますが，逆に友人関係につまずくと，生きていくことさえも苦しくなるくらい悩むこともあります。図5-1は，落合ら（1996）の研究をもとに友人関係の特徴を「広さ」と「深さ」の二次元で表現したものです。あなたの友人関係はこの図の中のどのあたりに位置するでしょうか。もちろん，どのタイプも1つの個性なので，良い悪いはありません。自分の友人関係をふりかえる材料の1つとして考えてみてください。

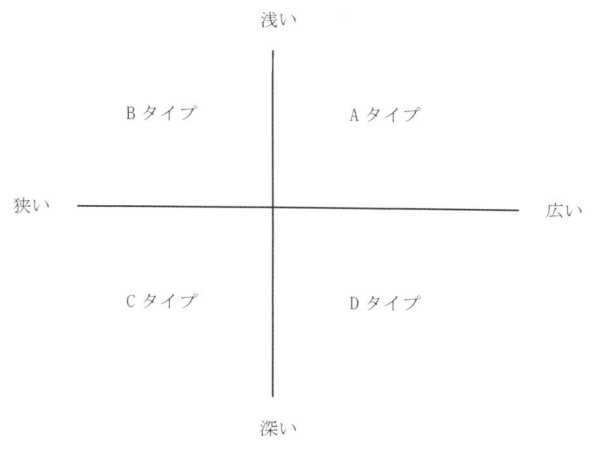

```
              浅い
               │
       Bタイプ │ Aタイプ
               │
 狭い ─────────┼───────── 広い
               │
       Cタイプ │ Dタイプ
               │
              深い
```

図5-1　友人関係の特徴

　Aタイプは，広くて浅い友人関係です。その関係性は表面的で，ときに世渡り上手な八方美人タイプと思われることがあるかもしれませんが，友人は多く，社会適応は悪くないでしょう。

　Bタイプは，狭くて浅い友人関係です。周囲から静かでおとなしい人と思われるだけで，別段問題はないかもしれません。ただし，非社交的で本音を出さない友人関係は，ときに学校や職場で孤立する可能性があります。単なる人間嫌いの場合もありますが，何らかの葛藤を有しているときは，それを解決する必要があります。

　Cタイプは，狭くて深い友人関係です。友人は少ないのですが，その友人は親友と呼んでもいいのではないでしょうか。異性関係においては恋人一筋タイプなのかもしれません。ただ，何らかの理由で愛する人を失ったときの心の痛手は大きいかもしれません。

　Dタイプは，広くて深い友人関係です。非常に社交的で，友人の数も多いでしょう。人間が大好きで，社会適応も良好ですが，あまりにお人よしな人は騙されないように気をつけましょう。

基 礎 知 識

携帯電話と友人関係の深さ

　一般に青年期は親しい友人との親密なかかわりを特徴とする時期ですが，現代の青年はお互いに傷つけあうことを恐れたり個人の領域に踏み込まれないようにしたりするために，友人との深いかかわりを避け，表面的な楽しさを追求する傾向があると指摘されています（小此木，1984；栗原，1989；上野ら，1994）。そして，新井（2001）は，その原因を親子関係の密着化やコンピュータ・アミューズメントに求め，橋本（2000）は，社会的スキルの不足にあると推測しています。

　このような若者の必需品となっているものに携帯電話があります。彼らは友人と一日に何十通というメールを交換し，頻繁に連絡を取り合っています。それは深いつながりがないので，常に連絡を取りあって不安を紛らしているのでしょうか。また，若者の友人関係は本当に希薄化しているのでしょうか。

　若者の携帯電話利用の第一の特徴は，それが友人や家族とのコミュニケーションの量を増やすところにあります。確かに携帯電話は，電話で伝える用件の質を「生活上必要な要件」から「気楽な用件」に変化させました。また，若者は携帯電話の番号を比較的気楽に誰にでも教える傾向があり，そのメモリーの中には何百人もの電話番号とメールアドレスが記録されています。しかし，その登録者すべてと常に連絡を取り合っているわけではありません。実際にはそのなかの特に親しい相手との間でのみ携帯電話は利用されているのです。つまり，携帯電話がもたらす友人関係は，「選択肢を増やしているだけで，実際の関係は深く狭い」とも考えられます。

自己開示と友人関係の深さ

　自己開示とは，自分の考えや気持ちを他者に伝えることをいい，それは自分自身と他者の関係を深めるのに役立ちます。つまり，私たちはお互いに自分の気持ちを素直に表現することで，相手に親近感をもち，仲良くなっていくのです。また，同時に私たちは他者に受容されることによって自分自身を受け容れることができるようになります。そして，自己肯定感が強いほど自己開示の程度は高まり，より親密な関係を築くことが可能になるといったサイクルが形成されるのです。

　もともと表面的な付き合いしか期待していなければ，自己開示の程度が低くても満足感や自尊感情はそれほど低下しないかもしれませんが，自分を偽って表現していては自分自身に対す

る信頼や尊厳を傷つけることになります。また，人間関係を円滑にするためには，ただ自己開示をすればよいのではなく，相手や場の状況によってその程度をコントロールすることが必要です。それは一種の社会性であり，精神的な健康さでもあります。私たちに必要なことは，より自然な形で自己開示することではないでしょうか。

友人から親友（恋人）へ

　単なる友人関係が親友（恋人）関係に発展するにはいくつかのステップがあります。もちろんなかにはお互いに一目ぼれといった場合もあるでしょうが，通常は徐々に親密性が増していくものです。

　最初は，お互いがまったく知らない状態から何らかのきっかけで二人が出会い，相互にその存在を認識する段階から始まります。したがって，当たり前のことですが，片思いのときは何とかして自分の存在を相手にアピールする必要があります。次に，お互いに挨拶や日常会話を通してまず浅い関係性を形成します。これが表面接触の段階です。そして，一緒に食事をしたり遊びに行ったりする比較的親しい関係（相互接触）の段階を経て，お互いの立場を尊重し，個人的な問題にも深くかかわり，時間と空間を共有できるようになって初めて親友（恋人）といえるのではないでしょうか。

　そこで，関係性をステップアップさせるための方法として「単純接触効果」の利用が考えられます。対人関係における親密さは，接触回数が多ければ多いほど高まることがいくつかの実験で確かめられています。つまり，顔を会わせたり話したりする頻度が増えるほど，相手に対して好感をもつというわけです。そんな単純なことかと思われるかもしれませんが，実際ほとんどのCMはこの効果をねらって作られています。

　Hays（1985）は，同性の友人関係を進展させるものとして，男性の場合は活動の共有が重要であり，女性の場合は言語的なコミュニケーションが重要であることを報告していますが，その接触が不自然な形では相手に不審がられます。そこで，携帯メールを使ってはどうでしょうか。先にも述べましたように，携帯電話は若者の必須アイテムですし，その性質上，多少話しにくいことでも言葉にすることができます。また，自己開示の観点で考えると，「授業に遅刻した」とか「洋服を買った」とかいった事実だけではなく，「遅刻して恥ずかしかった」とか「欲しかった洋服を買えて嬉しい」といったように，感情を交えて伝えることが関係性を深めることに効果的です。

　もちろん，単純接触の効果を発揮させるには一定の条件が必要です。たとえば，最初に否定的な印象が形成されてしまった場合は，会えば会うほど嫌いになることになります。ですから，まだ印象が確定していない初期の場合か，ある程度の好印象をもっている場合に利用しなければなりません。

やってみよう！ ―友人関係尺度―

・友人との活動

　あなたの同性の親しい友人との付き合い方について質問します。以下の事柄に関し，「まったくしない」〜「とてもよくする」の中から当てはまる数字を一つ選び，◯をつけてください。

	まったくしない	あまりしない	どちらかと言えばしない	どちらかと言えばする	よくする	とてもよくする

【A尺度】
1. これからの生き方や人生観などについての話をする。　1　2　3　4　5　6
2. 自分の性格や行動についての話をする。　1　2　3　4　5　6
3. 将来についての話をする。　1　2　3　4　5　6
4. お互いの欠点や長所の話をする。　1　2　3　4　5　6
5. 意見が違うときに納得するまで話し合う。　1　2　3　4　5　6
6. 喜びや悲しみを分かち合う。　1　2　3　4　5　6
7. 自分の趣味についての話をする。　1　2　3　4　5　6
8. お互いに不満に思っている点を言い合う。　1　2　3　4　5　6

合計点（　　　　　）÷ 8 =（　　　　　）

【B尺度】
9. トイレに一緒に行く。　1　2　3　4　5　6
10. 教室を移動するときは一緒に行く。　1　2　3　4　5　6
11. 交換日記をする　1　2　3　4　5　6
12. 自分の悩みや日頃の出来事を手紙に書いて交換する。　1　2　3　4　5　6
13. 一緒に登下校する。　1　2　3　4　5　6
14. 一緒に勉強をする。　1　2　3　4　5　6
15. テレビ番組の話をする。　1　2　3　4　5　6
16. 好きなタレントや歌手の話をする。　1　2　3　4　5　6
17. 一緒に習い事に行く。　1　2　3　4　5　6

合計点（　　　　　）÷ 9 =（　　　　　）

【C尺度】
18. 部屋の中でファミコンやゲームをする。　1　2　3　4　5　6
19. お互いの家で一緒に遊ぶ。　1　2　3　4　5　6
20. 何となく家に集まって時を過ごす。　1　2　3　4　5　6
21. 休日に出掛ける。　1　2　3　4　5　6
22. 自転車に乗ってぶらぶらする。　1　2　3　4　5　6
23. 一緒にゲームセンターに行く。　1　2　3　4　5　6
24. 外で遊ぶ。　1　2　3　4　5　6
25. 一緒にスポーツをする。　1　2　3　4　5　6

合計点（　　　　　）÷ 8 =（　　　　　）

	まったく思わない	あまり思わない	どちらかと言えば思わない	どちらかと言えば思う	よく思う	とてもよく思う

【D尺度】
26. カラオケに行く。　　　　　　　　　　　1　2　3　4　5　6
27. 携帯電話などでメッセージを送り合う。　1　2　3　4　5　6
28. 特に用事もないのに電話で長く話をする。1　2　3　4　5　6
29. お昼を一緒に食べる。　　　　　　　　　1　2　3　4　5　6
　　　　　　　　　　　　合計点（　　　　）÷4＝（　　　　）

・友人に対する感情

　以下の事柄に関し，「まったく思わない」～「とてもよく思う」の中から当てはまる数字を一つ選び，〇をつけてください。

【E尺度】
1. 友人とは気持ちが通いあっている。　　　　　1　2　3　4　5　6
2. 心から友人を親友と言える。　　　　　　　　1　2　3　4　5　6
3. 友人は私のことならだいたい知っている。　　1　2　3　4　5　6
4. 友人を信頼している。　　　　　　　　　　　1　2　3　4　5　6
5. 自分は友人に十分受け入れられていると思う。1　2　3　4　5　6
6. 友人とはだいたい意見が合う。　　　　　　　1　2　3　4　5　6
7. 友人は私を絶対裏切らないと思う。　　　　　1　2　3　4　5　6
8. 友人の考えていることはだいたいわかる。　　1　2　3　4　5　6
　　　　　　　　　　　　合計点（　　　　）÷8＝（　　　　）

【F尺度】
9. 自分が本当に友人と思われているか気になる。　　　1　2　3　4　5　6
10. 自分が友人にどう思われているか気になる。　　　　1　2　3　4　5　6
11. 友人の考えていることがわからなくなって不安になる。1　2　3　4　5　6
12. 友人に裏切られるのではと思う。　　　　　　　　　1　2　3　4　5　6
13. 友人に「仲間はずれにされた」と感じることがある。1　2　3　4　5　6
14. 友人と意見が違うと不安になる。　　　　　　　　　1　2　3　4　5　6
15. 友人が自分の知らない友人と話しているのを見て寂　1　2　3　4　5　6
　　しさを感じる。
　　　　　　　　　　　　合計点（　　　　）÷7＝（　　　　）

【G尺度】
16. 友人と違う意見でも自分の意見はきちんと言う。　　1　2　3　4　5　6
17. 友人と意見が対立しても自分をなくさないでいられる。1　2　3　4　5　6
18. 友人と一緒にいても自分の意志で行動している。　　1　2　3　4　5　6
　　　　　　　　　　　　合計点（　　　　）÷3＝（　　　　）

【H尺度】
19. 友人よりいい学校に行きたい（いい仕事につきたい）。1　2　3　4　5　6
20. 友人には様々な点で負けたくない。　　　　　　　　1　2　3　4　5　6
21. 友人の方がテストの点がいいと不安になる。　　　　1　2　3　4　5　6
　　　　　　　　　　　　合計点（　　　　）÷3＝（　　　　）

	まったく思わない	あまり思わない	どちらかと言えば思わない	どちらかと言えば思う	よく思う	とてもよく思う

【I尺度】
22. 友人といると自分のやりたいことができない。　1　2　3　4　5　6
23. 友人のやっていることに引きずりこまれて困る。　1　2　3　4　5　6
24. 友人の誘いを断れず困る。　1　2　3　4　5　6
25. 自分の思っていることを友人に言えない。　1　2　3　4　5　6

　　　　　　　　　　　　　　　合計点（　　　　　）÷4 =（　　　　　）

・友人への欲求

　以下の事柄に関し，「まったく思わない」～「とてもよく思う」の中から当てはまる数字を一つ選び，○をつけてください。

【J尺度】
1. 友人には私に対して自分の意見をきちんと言ってほしい。1　2　3　4　5　6
2. 友人と一緒にいることで私自身を成長させたい。　1　2　3　4　5　6
3. 友人の個性を尊重したい。　1　2　3　4　5　6
4. 友人には私の悪いところを言ってほしい。　1　2　3　4　5　6
5. 友人には私の個性を尊重してほしい。　1　2　3　4　5　6
6. 友人には私の意見をきちんと言いたい。　1　2　3　4　5　6

　　　　　　　　　　　　　　　合計点（　　　　　）÷6 =（　　　　　）

【K尺度】
7. 友人と一緒にいたい。　1　2　3　4　5　6
8. 友人には一緒にいてほしい。　1　2　3　4　5　6
9. 友人と行動を共にしたい。　1　2　3　4　5　6
10. 友人と遊びたい。　1　2　3　4　5　6
11. 友人には私と遊んでほしい。　1　2　3　4　5　6

　　　　　　　　　　　　　　　合計点（　　　　　）÷5 =（　　　　　）

【L尺度】
12. 友人と趣味や好みを合わせたい。　1　2　3　4　5　6
13. 友人には私の趣味や好みを合わせてほしい。　1　2　3　4　5　6
14. 友人の行動や友人の言うことには従いたい。　1　2　3　4　5　6
15. 友人と同じような話題を持ちたい。　1　2　3　4　5　6

　　　　　　　　　　　　　　　合計点（　　　　　）÷4 =（　　　　　）

(榎本，2003)

結果の整理とふりかえり

Ⅰ. 結果の整理

・友人との活動

「まったくしない…1」「あまりしない…2」「どちらかと言えばしない…3」「どちらかと言えばする…4」「よくする…5」「とてもよくする…6」の6点法でA〜Dの各尺度の合計点を算出し，それらを尺度ごとの質問数で割って平均値を算出します。次に，それらの平均値を図5-2にプロットし，それらを直線で結ぶと「友人との活動プロフィール」が完成します。

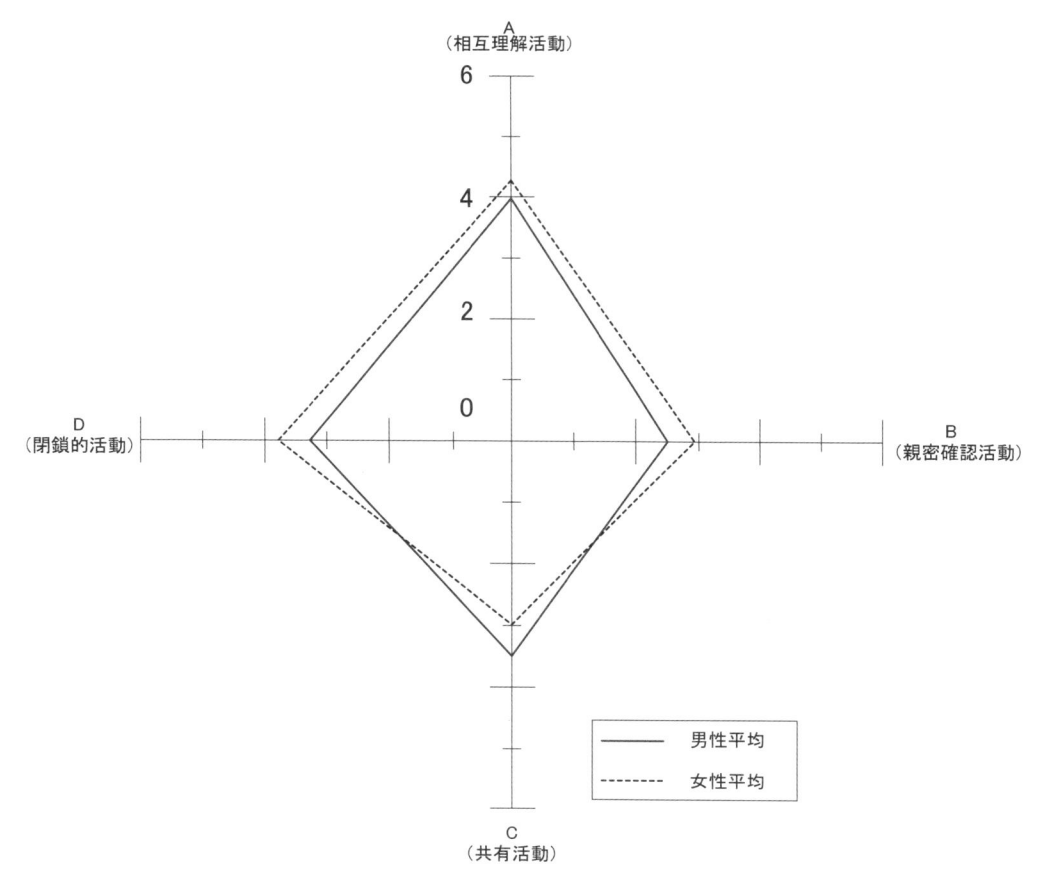

図5-2 友人との活動プロフィール

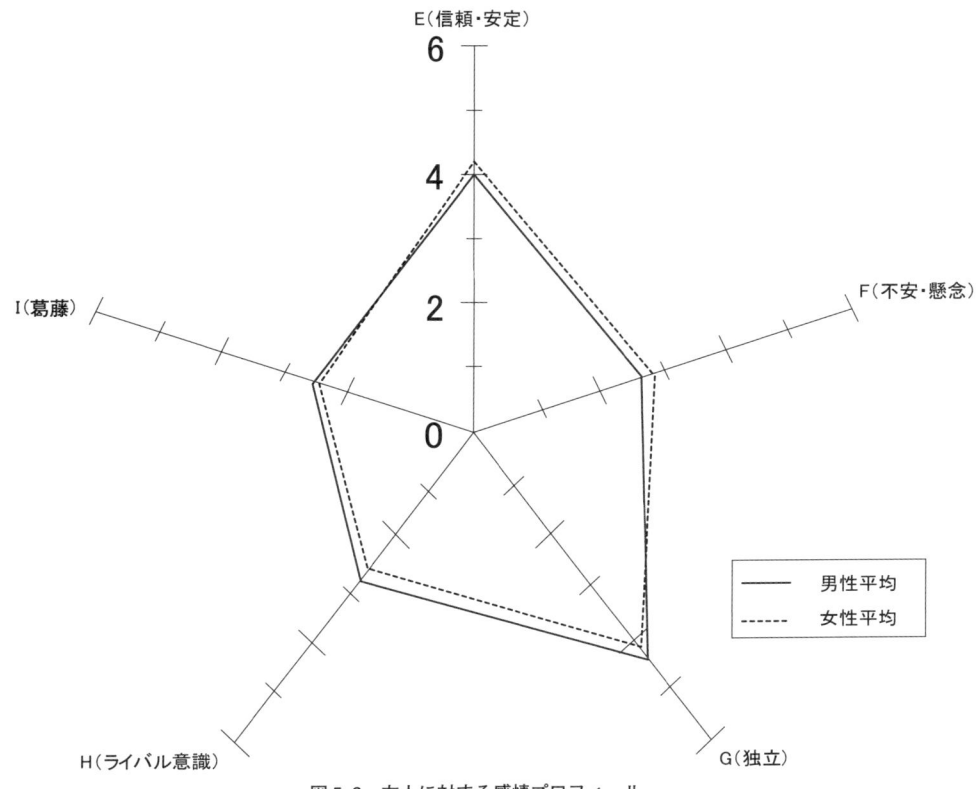

図5-3　友人に対する感情プロフィール

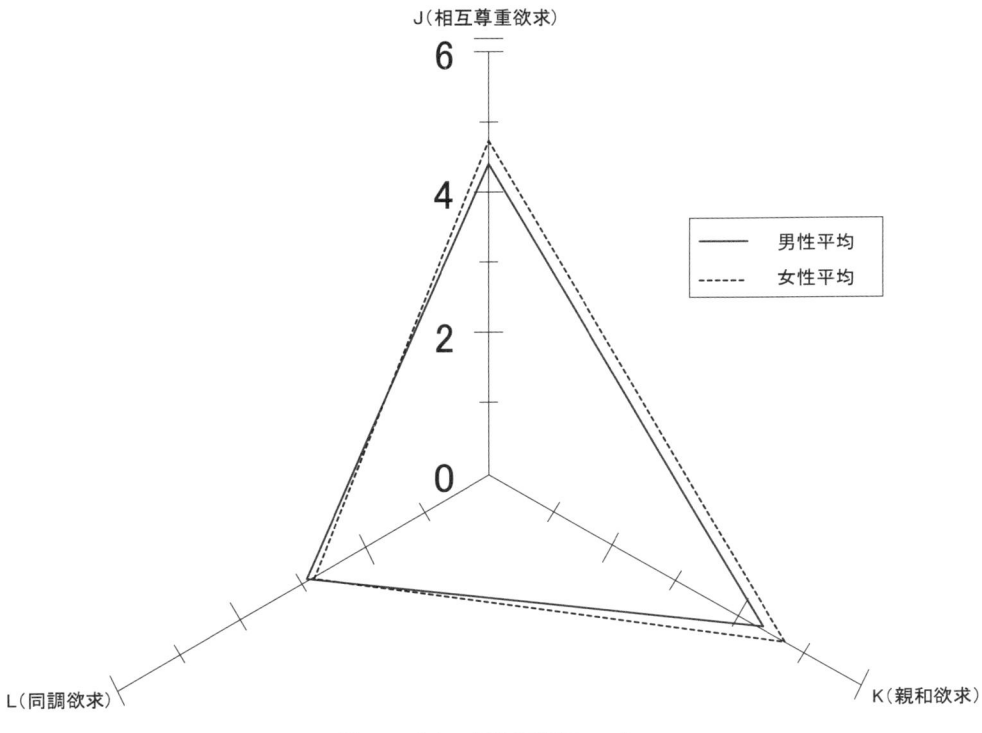

図5-4　友人への欲求プロフィール

表5-1　各尺度の平均値と標準偏差

		男性		女性	
		平均	標準偏差	平均	標準偏差
友人との活動	A（相互理解活動）	3.98	.80	4.28	.69
	B（親密確認活動）	2.53	.64	2.95	.79
	C（共有活動）	3.49	.85	2.99	.87
	D（閉鎖的活動）	3.26	.98	3.77	.96
友人に対する感情	E（信頼・安定）	3.96	.76	4.25	.69
	F（不安・懸念）	2.62	.89	2.84	.82
	G（独立）	4.39	.84	4.26	.86
	H（ライバル意識）	2.87	.89	2.58	.95
	I（葛藤）	2.57	.81	2.38	.76
友人への欲求	J（相互尊重欲求）	4.40	.66	4.70	.58
	K（親和欲求）	4.31	.78	4.78	.65
	L（同調欲求）	2.94	.77	2.85	.79

・友人に対する感情

「まったく思わない…1」「あまり思わない…2」「どちらかと言えば思わない…3」「どちらかと言えば思う…4」「よく思う…5」「とてもよく思う…6」の6点法でE～Iの各尺度の合計点を算出し，各尺度の質問数で割って平均値を算出します。次に，それらの平均値を図5-3にプロットし，それらを直線で結ぶと「友人に対する感情プロフィール」が完成します。

・友人への欲求

「まったく思わない…1」「あまり思わない…2」「どちらかと言えば思わない…3」「どちらかと言えば思う…4」「よく思う…5」「とてもよく思う…6」の6点法でJ～Lの各尺度の合計点を算出し，それらを尺度ごとの質問数で割って平均値を算出します。次に，それらの平均値を図5-4にプロットし，それらを直線で結ぶと「友人への欲求プロフィール」が完成します。

II. 解　説

　本章で紹介した尺度は，青年期の友人関係について「活動：友人とどのような交流をしているのか」「感情：友人についてどのような感情を抱いているのか」「欲求：友人に対して何を求めているのか」の3側面から測定するものです。次に尺度ごとにその意味を解説しましょう。

・友人との活動

　A（相互理解活動）尺度の得点が高いことは，あなたは友人と精神的にかなり深いつきあいをしていることを示しています。その関係はすでに「親友」と呼べる関係で，一生涯にわたって関係が続いていくかもしれません。

　B（親密確認活動）尺度の得点が高いことは，精神的なつながりを確認するため，あるいは

それを求めて一緒にいたい気持ちが強いことを示しています。一緒に活動をすることでさらに深いつながりを形成することもありますが，その背景に現在の友人関係に対する不安があるのかもしれません。

C（共有活動）尺度の得点が高いことは，友人関係がうまくいっていることを示しています。よく一緒に遊んでいるので，周囲からも二人は仲良しだと思われていることでしょう。

D（閉鎖的活動）尺度の得点が高いことは，友人との親密な関係が，ときに排他的で他者を寄せつけない雰囲気をかもし出している可能性があります。C（共有活動）尺度との関連でその意味を考えましょう。

・友人に対する感情

E（信頼・安定）尺度の得点が高いことは，友人を心から信頼し，理解していることを示しています。現在の関係性が今後も安定して続いていくことが望まれます。

F（不安・懸念）尺度の得点が高いことは，友人関係が何らかの事情で不安定になっていることを示しています。あなたが被害的に考えているだけの可能性もありますが，一度友人と率直に話し合うことが必要かもしれません。

G（独立）尺度の得点が高いことは，友人関係においてあなたは自分の考えをしっかりと主張できることを示しています。相手の意思を尊重し，相互理解を基調とした自己主張（アサーション）ができているかどうか内省してみましょう。

H（ライバル意識）尺度の得点が高いことは，友人をライバルとして意識していることを示しています。相手を蹴落として自分だけが勝ち残るのではなく，相互に成長し合えるような関係性を育みましょう。

I（葛藤）尺度の得点が高いことは，友人関係で悩んでいることを示しています。あなたは身勝手な友人のことが嫌いなのでしょうか。もしも同時にG（独立）尺度の得点が低いときは，相互理解を基調とした自己主張（アサーション）を心がけることで友人との関係性が改善される可能性があります。

・友人への欲求

J（相互尊重欲求）尺度の得点が高いことは，あなたは友人関係において今以上にお互いを尊重し，気持ちを伝え合いたいと思っていることを示しています。もしも友人との関係が表面的であることがその原因なら，今後お互いの気持ちを素直にぶつけあうことで関係性が深まると考えられます。

K（親和欲求）尺度の得点が高いことは，今以上に友人と仲良くなりたいという願望をもっていることを示しています。単にあなたが寂しがりで依存欲求が強いだけの場合もありますが，友人がそうしたあなたの気持ちを十分に理解していることが望まれます。

L（同調欲求）尺度の得点が高いことは，友人と同じ価値観をもちたいという気持ちが強いことを示しています。仲がよければ自然にお互いの考えが似てくる可能性がありますが，無理をして相手に自分を合わせるのではなく，お互いの違いを個性として尊重しあうことも必要かもしれません。

Ⅲ．ふりかえり

・あなたの友人との活動プロフィールには，どのような特徴がありましたか。

・あなたの友人に対する感情プロフィールには，どのような特徴がありましたか。

・あなたの友人への欲求プロフィールには，どのような特徴がありましたか。

・今回のワークで得られた結果をもとに，あなたの友人関係における今後の課題を考えましょう。

引用文献
新井邦次郎　2001　今，子どもにとって友達とは　児童心理，**55**, 1-10.
榎本淳子　2003　青年期の友人関係の発達的変化―友人関係における活動感情・欲求と適応―　風間書房
橋本　剛　2000　大学生における対人ストレスイベントと社会的スキル・対人方略との関係　教育心理学，**48**, 94-102.
Hays, R. B.　1985　A Longitudinal Study of Friend-ship Development. *Journal of Personality and Social Psychology*, **48**, 909-924.
栗原　彬　1989　やさしさの存在証明：制度と若者のインターフェイス　新曜社
小此木啓吾　1984　現代青年の知覚―精神分析的青年論―　青年心理，**43**, 156-176.
落合良行・佐藤有耕　1996　青年期における友達とのつきあい方の発達的変化　教育心理学研究，**44**, 55-65.
上野行良・上瀬由美・松井　豊・福富　譲　1994　青年期の交友関係における同調と心理的距離　教育心理学，**42**, 21-28.

メンタルヘルスのページ

「虐　　待」

　一口に虐待といっても「児童虐待」「高齢者虐待」「動物虐待」「人種虐待」「障害者虐待」など実にさまざまな虐待があります。また，近年増加しているDV（Domestic Violence）も一方的な暴力行為という点では，一種の虐待といえるかもしれません。一般に虐待は，殴る，蹴るといった「身体的虐待」，性的暴行に代表される「性的虐待」，言葉による脅かしや差別的言動などの「心理的虐待」，生活に必要な衣・食・住を与えないといった「ネグレクト」の4種類に分類されます。ただし，いくら厳密に虐待を定義しても意図しない虐待や自覚されない被虐待行為などの問題もあり，実際の判断は難しいものがあります。

　C子は，32歳の専業主婦で，会社員の夫（32歳）と1歳半になる女児がいます。「うつ状態と不眠が続き，ひどいときには嘔吐する」との主訴で精神科クリニックを受診しました。主治医はうつ病と診断し，抗うつ剤の投与とともに筆者に心理療法が依頼されました。

　C子は，3人同胞の第3子として生まれましたが，その何年も前から両親の仲は悪く，C子が11歳のときに離婚するまで，父親の母親に対する暴力が日常茶飯事だったようです。また，両親は自営業のため朝から晩まで忙しく，C子はほとんど母親に甘えた経験がないといいます。C子は，中学1年生のときにいじめを契機に不登校となり，転校を余儀なくされました。高校でも断続的に不登校状態に陥りましたが，何とか卒業だけはできました。そして，レストランで働いていたときに今の夫と知り合い，約半年間の交際を経て30歳で結婚をしました。

　面接のなかでC子は，終始涙ぐみながら「子どもを見るとイライラして，首を絞めたりすることもある。子どもなんて産まなければよかった」と訴えました。ときに刃物を持ち出すなどの危険行為もあり，主治医と相談のうえ，子どもを一時保護することで母子分離を図りました。最初，C子は子どもを育てることができない罪悪感にさいなまれましたが，夫の協力も得て徐々に安定感を取り戻し，半年後には子どもを自宅に外泊させることもできるようになりました。

　統計によれば児童虐待の6割以上が実母によるもので，その背景には本事例のように母親の精神的未熟さに起因する育児困難や虐待の世代間伝達も少なくありません。また，高齢者虐待については，過重な介護による心身の疲労をはじめとする介護環境の問題や家族内の人間関係の問題がその要因としてあげられます。「児童虐待の防止等に関する法律」「高齢者虐待の防止，高齢者の養護者に対する支援等に関する法律」などの法的整備とともに，児童相談所などの機能強化も徐々に進んではいるものの，虐待の発生件数は年々増加の一途をたどっています。今後，家族システムの機能向上と，それを援助する社会システムの構築がますます必要となってくると考えられます。

第Ⅲ部

未来との出会いとかかわり
―― 社会と出会いかかわり合うことでみえる未来 ――

更進一歩

〈概論〉 現代における青年の課題

青年期とは

　青年期は，身体的・生理的には，第二次性徴を中心とした質的な変化が訪れるとともに，身体もほぼ成人と同じになり，運動能力もそれまでの児童期とは比べものにならないほどの成長を遂げる時期です。このように身体的・生理的に大きく変化する時期ですが，心理的にもこの特有の特徴を示します。そして，その心理的特徴は社会環境などの変化と深く関連して現われてきます。

　ブロス（Blos, P., 1967）は，この時期を第二の分離－個体化の時期と呼んでいます。分離－個体化とは，マーラー（Mahler, M. S. et al., 1975）の乳幼児期の発達理論（第Ⅱ部第1章参照）で用いられる言葉で，養育者と一体化していた子どもが，一人の個体として存在するようになる過程を示します。ブロスは，この乳幼児期の分離－個体化の過程になぞらえて，今度は親との関係が中心である家庭から分離して，一人の社会人として個体化する過程としてこう呼んだのです。

　言い換えれば，青年期は，人が社会人として個体化し，成人期に入って家庭を作り，次の世代を教育して紡いでいくための重要な準備期間ということもできます。そして，それまでの発達のなかのさまざまな課題をどのように通過してきたのかという問題があらわになる時期であるととらえられます。したがって，多くの病理現象もこの時期に現われることになります。

青年期の課題－ライフイベントの視点から－

　青年期の課題を，その生活上の変化を中心に見てみましょう。

1．進学などの進路の決定

　小学校から中学校へ，そして高校・大学へと学校環境も変化していきます。就職をする場合もあるでしょう。こういった変化にあたって，その都度進路の決定をしなければなりません。そのためには，自分の能力や適性を客観的にとらえることが求められます。

2．仲間関係の変化

　社会のなかの一人として成立するために，両親との関係から，同年代の仲間関係へとその重点が移行していきます。もちろん，それ以前にも友人関係はさまざまなものをもたらしてくれ

ますが、この時期にさしかかると、それまであまり意識していなかった相手への理解が高まってきます。

児童期までの仲間関係では、相手との共通部分が重要な要素となって成立していますが、青年期においては、相手の人格や特性を理解するようになり、相手からも同じように理解してほしいという願望をもつようになります。この理解は、自分と相手との違いを明確にすることにもなり、そのことを通して自分自身の理解も進むことになります。

また、同じような状況に立っている仲間との間で自分を表現し、受け入れられる体験をすることも重要な課題です。誰にでも自分の内面を見せるのではなく、信頼できる相手に対してのみ自己を開示することは、年齢があがるにつれて複雑化する対人関係に適切に対処していく土台を作ることになります。

3. 異性とのかかわり

青年期は第二次性徴を迎え、それぞれの性（ジェンダー）役割を意識するようになります。男性であること、女性であることを受け入れて、社会のなかでの適応的な態度を形成することが求められるわけです。その際に、同性の仲間やモデルを得ることも大切ですが、異性とのかかわりを通して、自己の性役割のイメージを形成してジェンダー・アイデンティティを獲得していく過程も重要なものといえるでしょう。

4. 社会からの要請

児童から青年になるにつれて、社会からもその段階相応の行動が期待されます。それまで保護者が判断して指示をしてきた行動も、自ら行なうことが求められるようになります。この課題が円滑にこなせていたり、こなせるような感覚がもてると、安定した自己肯定感を得ることができます。しかし、そのことに失敗したり、自信がもてなかったりすると、自己イメージも否定的な色彩を帯びることになります。

現代社会と青年

宮下（2004）は、青年期の病理的状態について「アイデンティティの拡散」として、表1のようにまとめています。これらの病理的状態と関連する現代社会の特徴をあげてみます。

1. 価値観の混乱

現代は、経済構造や情報システムの飛躍的な変化が見られます。そのために、今までの価値観とは異なる多様化した価値観が提起されています。それは、一見自由で柔軟な印象がありますが、「こうすればこうなるだろう」といった確信を混乱させている側面があります。そのなかで、青年は時間的展望を失い、アイデンティティがとらえにくくなっているといえるでしょう。

表1 アイデンティティの拡散の様相 (宮下，2004より)

a)	時間的展望の拡散	自己の将来に対して明るい見通しや展望が見いだせない。刹那的・無為になる。
b)	アイデンティティ意識（自意識過剰）	自分に対して自信が持てず，他者の目を非常に気にする心理状態。他者の視線の中でうろたえている状態。
c)	否定的アイデンティティ	社会的に忌み嫌われている価値に積極的にコミットし，その中に自己を見いだそうとする心理状態。非行・犯罪などの社会での「悪」に自己のよりどころを見いだそうとする状態。
d)	労働麻痺（勤勉性の拡散）	勉強や仕事，生活に対する意欲が失われ，無力感にとらわれている状態。打ち込むものを見失い，うつろな気分で身動きが取れずにいる心理状態。
e)	両性的拡散	自分が「男であること」「女であること」への自信や確信に欠け，親密な対人関係を持てなくなっている状態。対人関係を避けて孤立したり，相手にのみ込まれて自己を見失ってしまう。
f)	権威の拡散	対人関係で適切な主従の関係がとれなくなっている状態。役割に応じて人をリードしたり，従ったりできない状態。
g)	理想の拡散	自己の人生のよりどころとなる理想や信念，人生観などが失われている状態。人生のよりどころや目標が失われ，生き生きとした人生が歩めないでいる。

2．幼児期からの対人関係の変容

少子化や情報の多量化などさまざまな要因から，親の世代も変化して，子どもに対して「失敗のないように」配慮する子育てが中心になってきているようです。そのために，青年が主体的に自己の可能性を探るといった試行錯誤的活動が奪われ，結果的に対人関係での衝動のコントロールや，欲求不満に耐える力が得られなくなっています。このことは，何かを得るためそれなりの手続きを行なうことや，一定の時間を待つことができずに，0か100かといった図式でしか考えられない状態に関与しています。0か100かという緊張感は，青年の不安を高め，その緊張を回避するためにコミットすることを避け，勤勉性や理想を拡散させていく要因になっていると考えられます。

これからの課題

青年期をめぐる問題は，非常に広く多くの要素が絡んでいます。ここで触れたことがらは，ごく一部のものでしかありません。いずれにしても，社会へ出て行く準備期間を社会が青年に保障することが必要不可欠ですが，青年自身としては，表面的な情報にとらわれずに，より客観的な判断ができるような知識と認識をもつ姿勢が重要と考えられます。

引用文献

Blos, P. 1967 The Second Individuation Process of Adolescence. *Psychoanalytic Study of the Childl*, **22**, 162-186.

宮下一博 2004 アイデンティティのレベル 谷 冬彦・宮下一博編著 さまよえる青少年の心 北大路書房 pp.28-30.

1 社会とのかかわりと帰属意識

　ダニエル・デフォーの小説「ロビンソン・クルーソー漂流記」は，その主人公が無人島で一人で暮らす姿を描いた冒険小説です。ロビンソンは生活全般を一人で運営して，使うものすべてを自分の手で作り出しています。彼は孤独に耐え，自分を見失わず，自立した生活を送っていきます。この主人公にはモデルがあったそうですが，ロビンソンにあこがれる人も少なくないでしょう。

　ロビンソンの魅力は読む人によってさまざまでしょうが，誰にも頼らずにしっかりと生きている強さが魅力の１つであることは間違いありません。しかし，彼は本当に一人で生きていたのでしょうか。

　彼の意識のなかには，それまでにかかわってきたいろいろな人が存在していたでしょうし，一人の暮らしを支える生活技術や知恵は無人島に流れ着くまでの経験から得たものといえます。そして，なによりも「生きること」へ立ち向かう姿勢は，彼の生きてきた社会から取り入れた価値観を表わしています。そういった意味では，そのときその場には誰もいなくても，社会とのかかわりがとぎれてしまったわけではないのです。

　私たちの現代社会では，ロビンソンのように使う道具や食料を自分の手で調達したり，作ったりはしていません。しかし，場合によってはロビンソンよりも孤独で，社会とのかかわりが希薄な状態もあるのではないでしょうか。ロビンソンはそれまでの体験を十分に取り入れてきたおかげで自立的に生きることができたのですが，表面上はたくさんの人のなかで暮らしていても，自己と社会とのかかわりに気づくことができなかったり，気づいていても認めようとしなかったりするならば，無人島以上に孤独な世界観のなかに生きているのかもしれません。

　この章では，私たちにとっての社会とのかかわりの意味と，社会集団のなかに所属することの意味について考えてみたいと思います。

基礎知識

現代青年の様相

現代青年の意識について，概観してみましょう。

1．就業の実態

青年期は，社会へ踏み出していく時期でもあります。しかし，近年その姿に大きな変化が見られます。ひきこもりやニート（メンタルヘルスのページp.147参照）の問題が指摘され，その理解や対策が論じられています。

平成18年版の青少年白書（2007）では，平成16年中に仕事をやめた30歳未満の青少年は26.3％（男子22.6％，女子30.3％）で，全労働者の離職率16.0％（男子13.4％，女子19.6％）を大きく上回ったそうです。そして，就職後3年間で，中学校卒業者では就職者全体の7割以上，高等学校卒業者で5割近く，大学卒業者でも3割以上が離職しているとのことです。離職した青年が必ずしもフリーターやひきこもりになっているとは限りませんが，学校を終えて社会に出てから仕事についても，少なからぬ青年が進路を変更しているようです。

その一方で内閣府の調査（2004）では，就業している青年では，転職しない人数が5割を超えていますし，職場への満足度も高いようです。そして，職業選択の理由としては「仕事内容」が第1位で，「収入」よりも多く回答されていました。

2．社会参加

近年の選挙の投票率においては，20代の投票率が極端に低いことがたびたび指摘されています。このことは，政治などの社会活動への無関心な傾向を推測させます。

前出の調査（2004）によると，地域社会への愛着については，85.1％が「好き」もしくは「まあまあ好き」としていますが，その理由としては「友人がいる」が第一位でした。

一方，ボランティア活動をしている青年は，3.3％にとどまっているようです。

3．友人関係

同じく内閣府の調査（2004）では，青年の余暇の過ごし方としては，「友人と共に過ごす」が選択されており，第2位は「テレビなどをみてのんびり過ごす」でした。また，青年がもっとも充実していると感じるときは「友人や仲間といるとき」といった結果が得られています。

4. まとめ

こうして見ていくと，現代の青年はひきこもったり離職してしまうケースもあるけれど，一方で転職もせずに安定して過ごしている姿も見られます。地域社会への愛着も見られますが，それは，選挙などの社会参加ではなく，友人との関係を軸にした個人的な範囲のかかわりが主なもののようです。つまり，個人的な集団とはかかわるが，その集団以外の社会とのかかわりへの意識は薄いものといえるでしょう。電車のなかで他の迷惑を気にしないで集団ではしゃいでいる姿が象徴的です。この状況を岡田（1992）は「集団内自閉」と呼んでいます。

フロムの主張

フロム（Fromm, E., 1941）は，人は成長するにつれて自由になっていくが，それは孤独を生むと指摘しています。親の元に暮らしている間は，自由な部分は少ないかわりに親との間には「第一次的絆」があって安定を与えてくれますが，徐々に子どもが力をつけて親から離れて一個の人間として「個性化」していくと，その安定は失われて孤独感を増していくといいます。

そして，孤独になるからこそ他者を求めるといいます。他者とつながることで，失われた安定を確保し，生きていく力を得ることが必要とされるとしています。しかし，他者を求めるために，ある集団やその集団のもつ理念に「服従」することは，健康な方法ではないといいます。ここでいう「服従」は，自分より大きなものに所属することによって，もしくは他者を従わせることによって世間とのつながりをもとうとする構造を意味します。この構造は，相手の存在に依存しているといえ，カルト宗教にのめり込む現象に当てはまります。

現代青年のかかわりと所属感

第Ⅲ部の概論でも述べましたが，青年期には自己の内面を理解してくれる相手を得ることが重要な課題です。そのきっかけとして自己を表現する自己開示がテーマの1つとなります。しかし，鍋田（2007）は，現代の青年は深くかかわることを回避して擬似的な関係を作っていると指摘しています。相手と距離を置き，"軽い"関係性を保っているといい，ネットや携帯などの関係が象徴的だとしています。その関係では，自己開示は「暗い話題」として避けられる傾向があるようです。

その結果，自分がしっかりと所属している集団に居場所があることを確信できずに，常に不安をもって防衛的に社会生活を送っている可能性が考えられます。そして，その防衛として過剰にまわりに合わせてしまうか，ちゃかして核心的な話題には触れないといった態度をとることになります。

自己を安定させるためにも，自分が社会のなかで受け入れられて，自身としても深く関与している集団への所属感を持つことが重要だと考えられます。

やってみよう！ —集団マップ—

あなたのかかわっている集団の位置づけを視覚的に表わしてみましょう。

(1) 図1-2の座標軸に合わせて，あなたのかかわっている集団をできるだけすべて記入してください。

(2) 記入する集団のなかで，あなたにとって重要な集団を，二重線で記入してください。その数は複数でもかまいません。

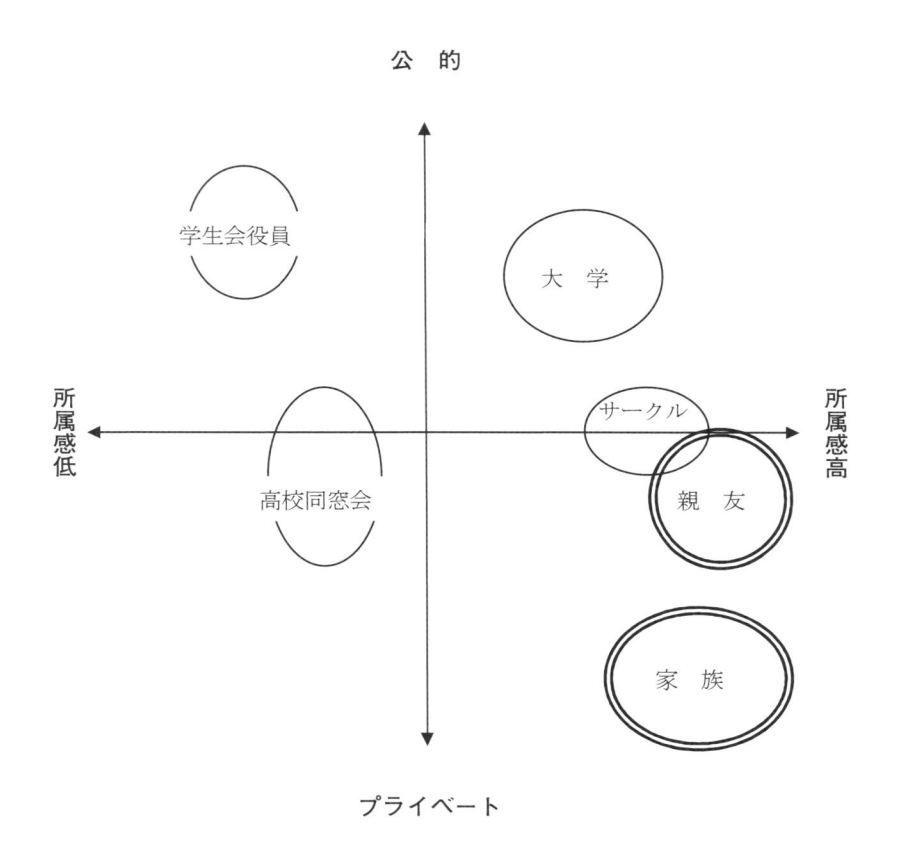

図1-1　記入例

公　的

所属感低 ←——————→ 所属感高

プライベート

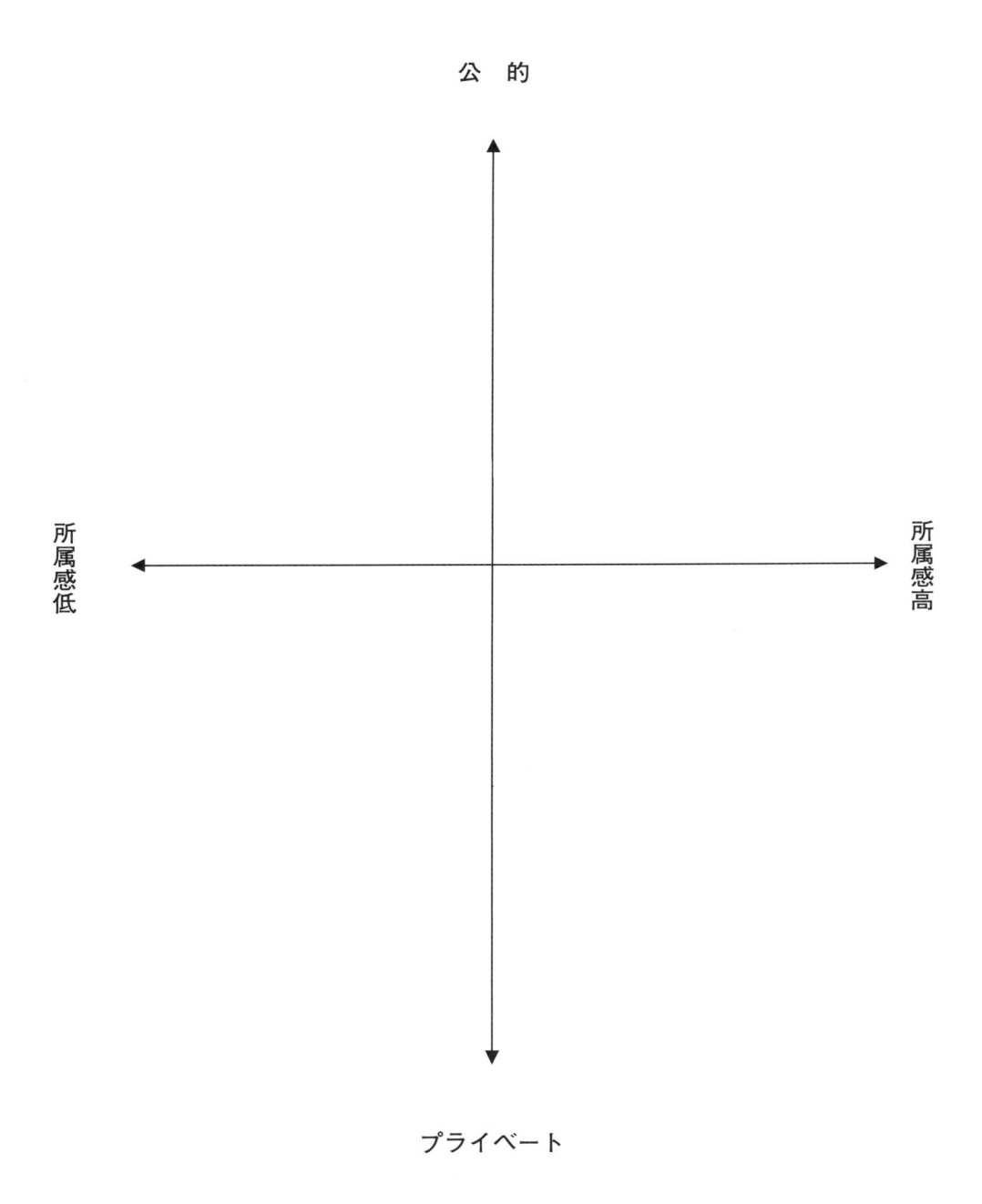

図1-2　集団マップ

結果の整理とふりかえり

Ⅰ．結果の整理

以下の質問に答えながら，あなたのかかわっている集団の位置づけについてふりかえってみましょう。

(1) いくつの集団に所属していますか。

(2) あなたにとって重要な集団は，どういった集団でしたか。

(3) もっとも所属感が高い集団は，どういった集団でしたか。

(4) 重要な集団と所属感が高い集団は一致しましたか。

(5) もっとも所属感が低かった集団は，どういった集団でしたか。

(6) 所属感が低い要因はどのようなことが考えられますか。

(7) 公的集団とプライベートな集団とのバランスはどうでしたか。

(8) 複数の集団にかかわることでの矛盾は感じられますか。

Ⅱ. 解　説

　集団への所属の仕方はいろいろです。また，所属する集団はプライベートなかかわりを中心としたものから，公的なかかわりを中心としたものまでさまざまとなります。そのなかで自分の行動の目安となっている集団を準拠集団と呼びます。その集団は，個人に対して，規範・価値観・標準を与える機能を果たします。この準拠集団は，発達段階によって変化していく側面ももっています。たとえば，幼児期から児童期においては，家族が行動の目安となりますが，青年期に入ってくると，家族から友人関係などの家庭以外の集団の規範や価値観を取り入れるように移行していきます。

　一方で，所属していても，あまり行動の基準とならない場合もあります。たとえば，いろいろなしがらみで所属してはいるものの，そこにはあまり自分の内面を関与させていないような場合がそれに当たります。この場合は，所属感は低くなるのが通常といえるでしょう。

　青年にとって集団に所属することは，社会とかかわっていくために非常に重要なことといえます。生活の範囲が広がっていけば，自ずと所属集団は増えていくわけですが，反対に社会的な活動を回避していると，所属集団，なかでも公的な集団への所属が少なくなります。

　ある程度の数の所属集団をもつことは，社会とのかかわりとしては大切ですが，その数が多ければいいというわけではありません。少ない集団でも，安定した所属感が得られ，充実した生活が送れていればいいと思われます。あまりに多くの集団に所属し，その位置づけが混乱してしまうことは望ましくないといえるでしょう。特に，あまり重要と感じておらず，所属感も低い集団の規範にしばられてしまうような事態は問題と思われます。また，複数の集団とかかわると，それぞれの規範や価値観が相反するような事態も起こります。それらの不一致に惑わされて，自己の統一を欠くことは注意を要するといえます。私たちは場面に応じて行動を使い分けることをします。それらが円滑に切り替えられることも重要です。

Ⅲ. ふりかえり

・この章を終えて，あなたはどのような自分に気づきましたか。

・それはどのような結果によって気づきましたか。

引用文献

Fromm, E.　1941　*Escape From Freedom*. New York: Aron Books.（日高六郎訳　1974　自由からの逃走　東京創元社）

内閣府政策統括官　2004　世界の青年との比較からみた日本の青年―第7回世界青年意識調査報告書―　国立印刷局

内閣府　2007　青少年白書　国立印刷局　pp.35-36.

鍋田恭孝　2007　変わりゆく思春期の心理と病理　日本評論社　pp.209-210.

岡田　努　1992　友人とかかわる　松井　豊編　対人心理学の最前線　第1部第2章　サイエンス社　p.26.

参考文献

Blos, P.　1962　*On Adolescence: A Psychoanalytic Interpretation*. New York: Free Press.（野沢栄司訳　1971　青年期の精神医学　誠信書房）

宮下一博　2004　アイデンティティのレベル　谷　冬彦・宮下一博編著　さまよえる青少年の心　第2章第1節　北大路書房　pp.28-30.

トピックス 5.

「介護と家族」

65歳以上の世代の家族形態

　図1は65歳以上の親族のいる世帯の類型別の変化を示したものです。1960年には一人暮らし（単独世帯）の世帯が5％であったものが，2005年には23％と急激に増加しています。また現在一人暮らしか夫婦のみ世帯の割合は約半数ですが，2025年には7割を超えると予想されています。若者にとってはまだまだ先の話ではありますが，40年後には身近な話題になるはずです。

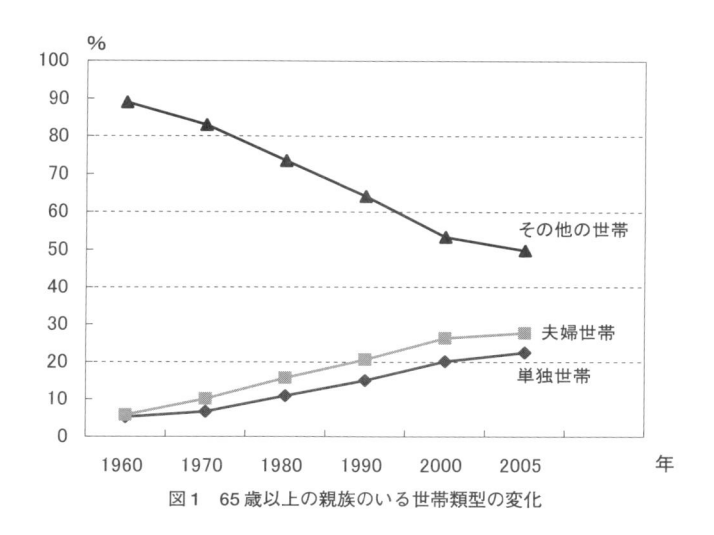

図1　65歳以上の親族のいる世帯類型の変化

介護する側とされる側

　我が身が介護される側に立つのは先のことであっても，自分の親の介護はふと気づくと目の前であるのかもしれません。そうして見渡してみるとマスコミの報道では，高齢者が高齢の親の介護疲れから，無理心中を図ったり，うつ病を発症したり，あるいは認知症の配偶者を殺害したり，といった記事が後を絶ちません。在宅で介護することの心身両面での大変さは想像以上であるようです。

　エリクソンの発達課題では，人生の統合，という大きな課題をまとめる時期でもあります。生涯発達し続ける存在として人生を歩みたいものです。

　介護する側，される側として若い時代に一度60代以降の人生設計も描いてみてください。

文献
国立社会保障・人口問題研究所　2007　人口統計資料（2007年版）　国立社会保障・人口問題研究所

2 想像力と創造力

　今，地球の温暖化をはじめとして，いろいろな場面で環境問題が取り上げられています。そこでは，10年後の地球，20年後の地球，50年後の地球といったデータが示されて，現時点で行なうべきことなどが論じられています。確かにこういったデータを見ると「大変なことになってしまうかもしれない」という思いがわいてきますが，その思いは漠然としていてあまり具体的なイメージを伴っていないことも多いでしょう。

　子どもの頃には，大人が「将来困るから」といって勧めることも，あまり真剣に努力できません。その意味は，本当に困ったときにはじめてわかるということも少なくありません。また，事件や事故のニュースを聴いても，自分のこととは結びつかず，同じような過ちを何人もの人が繰り返してしまいます。

　こうした現象は，想像力に深く関係しています。ゴミを捨てようとするとき，地球環境の課題が，あるいは自分が何か行なおうとしているとき，過去に新聞の報道などで知った事故の情報がなぜ思い浮かばないのか，といったことが問題となります。このように自分が過去に得た情報と現在の自分との関係について結びつけて判断をするときにも想像力が求められるということです。また，対人関係で相手の思いを理解するときにも，つまり，共感するときにも想像力は非常に重要です。

　そして，そこで必要な対処や工夫を生み出す行為は，創造的活動であるといえます。いろいろな情報やまったく別の視点を取り入れて，創意工夫をしながら新たな対処を考えていくわけです。その創造力を生み出すためにも，想像力が必要となります。つまり，「どこをどうしたらどうなるか」といったことを想像しながら方針を探っていく必要があるからです。

　想像力が働かないと，創造的活動も困難になるし，見通しを持って生活を組み立てていくこと，そして人とかかわりながら生活することも難しくなってしまいます。この章ではこの想像力について考えてみましょう。

基礎知識

　この章では，ヴィゴツキー（Vygotsky, L. S., 1930）の想像力と創造についての主張を中心に紹介します。ヴィゴツキーは，旧ソ連の心理学者で，発達と教育の理論では現代でも重要な示唆に富んだ理論を提供しています。

記憶すること

　ヴィゴツキーは，人間の大切な機能として記憶することをあげています。記憶することによって，過去に体験したことと同様の状況に対して対処することができるわけです。その活動は過去の再現で，新しい活動ではありません。しかし，この機能によって，私たちは環境に適応することが容易になります。

想像と創造的活動

　私たちは，記憶による過去の体験の再現だけではなく，それまでに経験していないイメージを思い浮かべることができます。たとえば，見たこともないものを思い描いたり，現実には体験していないことを考えるといった活動です。
　こういった活動は，想像とか空想と呼ばれています。日常的に想像というと，非現実的で実際には重要な意味をもたないようなイメージをさしますが，本当は芸術的創造，科学的創造，技術的創造を可能にしているのは想像力であるとヴィゴツキーはいいます。ここでいう創造的活動とは，歴史的な発明のようなものだけではなく，ごく日常のありふれた活動も含まれているとしています。そして，この創造的活動を支える想像は，過去の記憶を複合的に用いて，それまでに体験したことのないものを作り出すことをいいます。

創造的な想像のメカニズム

　創造的活動へつながる想像のメカニズムを，ヴィゴツキーは次のように説明しています。
　まず，経験の基盤となっている記憶は体験した現象をとらえるところ，つまり知覚から始まります。しかし，知覚したものそのままでは，まったく同じ状況でなければ再現できません。そこで，この知覚されたものを，加工していく過程が必要となります。その第一の過程は，分解であるといいます。後にさまざまな要素を連結させるために，個々の要素を分解しておく必

要があるわけです。

次の過程は分解した要素を修正することとしています。たとえば，体験したことを過大に修正して保持しているといった現象がこれにあたります。そしてそこには，情動的側面が深く関与しているとしています。

最後の過程は要素を連合し，統一することであるといいます。その過程によって，新しい状況に適合した想像が生み出され，必要とされる創造が可能となるといえるでしょう。

想像力が創造へ結びつく要因

ヴィゴツキーは，これらの過程が成立する基本的な要因は，人間が環境に適応しようとする要求であるといいます。すなわち，不適応であることが創造の動因となるということです。十分に満ち足りている状態は，創造的活動を必要としないからです。

さらに，創造が実現するためには，環境の要因が重要であると主張しています。技術的な創造を例にとると，いくら想像力を駆使して新しい機械を思い描いても，それを実際に作り上げるには，その技術を支える環境が必要となるわけです。想像力を創造へと実現していくためには，その活動を可能にする豊かな環境が不可欠といえるでしょう。

想像力と現実との関係

ヴィゴツキーは，想像力と現実との関係について4つの側面に分けて説明しています。

①想像力をいかに豊かにするかは，過去の現実体験が豊富であるかに依存している。

②たとえば，新聞を読んで自分が目撃していないことを知ることも想像の力であるが，こういった想像力は人間の現実体験を拡大することに役立っている。

③いくつかの要素を結合するときには，人間の内的過程が関与し，その要素が含んでいる情動の性質が似通ったもの同士が結びつきやすい。そして，その結合自体は，現実にないものであっても，体験した情動は現実である。たとえば，危険を想像したとき，その想像は現実ではなくても，恐怖感の体験は現実のものである。

④想像による創造がなされたとき，その創造物は現実の存在となって新たな想像の要因となる。これは，機械などの科学的な創造だけではなく，芸術作品などが新たな情動を生む場合も含まれる。このように，想像と現実は円環的である。

やってみよう！

　ここで行なうワークは，一種の投影法といえるものです。したがって，数値による測定ではなく，自分の反応を自身でふりかえって感じ取ることを心がけてください。

　以下の設問にあるそれぞれ2つの言葉を用いて，簡単なお話を思いつく限り多く作ってください。なお，お話の長さや設定などはまったく自由で構いませんし，無理をして独創的なものを作ろうとする必要もありません。

(1) 自動車　・　女の子

①

②

③

④

⑤

第Ⅲ部　未来との出会いとかかわり

(2) コンピュータ　・　心

①

②

③

④

⑤

結果の整理とふりかえり

Ⅰ．結果の整理

以下の質問に答えながら，結果の整理を行ないましょう。

(1) それぞれいくつのお話を作ることができましたか。
　　（A）
　　（B）

(2) 作られたお話の内容は，それぞれ似通っていましたか，それとも異なっていましたか。
　　（A）
　　（B）

(3) 作られたお話のなかに，あなたのどのような過去の経験や知識，情報などが入っていましたか。
　　（A）

　　（B）

(4) お話のなかで，現実的な内容と，非現実的な内容ではどちらが中心となっていましたか。
　　（A）

　　（B）

(5) お話のもつ感情的雰囲気は肯定的（楽しい・明るい・希望に満ちたなど）でしたか，それとも否定的（つらい・悲しい・怒り・絶望など）でしたか。
　　（A）

　　（B）

Ⅱ. 解　　説

　このワークは抽象的なので，整理しにくかったかもしれません。

　作られたお話の数は，想像力の一面を表わします。ただし，多ければよいというのではなく，その内容の種類の豊富さや，設定，視点などの範囲の広さが重要なポイントです。過去の経験や知識などをどれくらい保持していて，それをどれくらい分解できていて，その連合がどのようなかたちでなされたのかを検討してください。

　また，現実に沿ったかたちでの想像と，現実を離れた想像のバランスも着目点ですが，現在は現実に存在しないことでも，将来的にあり得ることといった中間領域も，建設的な想像になりうるものといえるでしょう。

　あなたの作ったお話をもう一度読み直して，自分の想像力の特徴を探ってください。

Ⅲ. ふりかえり

・この章を終えて，あなたはどのような自分に気づきましたか。

・それはどのような結果によって気づきましたか。

引用文献
Vygotsky, L. S.　1930　広瀬信雄訳　2002　子どもの想像力と創造　新読書社

3 職業選択

　あなたは将来の職業をどのようにして選択しようとしていますか。給与などの諸条件も重要ですが，業種や職種に関する正確な知識と最新の情報をもとに，自分が何をしたいのか（興味・関心），どんな職業に向いているのか（適性）を総合的に考える必要があります。しかし，価値観がますます多様化する現代社会のなかで職業アイデンティティを獲得することはとても難しく，いわゆるフリーターやニート（NEET：Not in Employment, Education or Training）の増加が大きな社会問題となっています。

　そこで有用なのが，本章で紹介する職業適性検査や職業興味検査です。職業適性検査の結果が実際の作業能力と有意に相関したとする赤木ら（1975）の報告や，情報処理能力認定試験の合否に職業適性検査の結果が関連していることを見いだした日置（1994）の研究が示すように，職業適性検査には一定の妥当性と信頼性が認められています。

　ただし，職業適性検査の結果に振り回されてしまっては意味がありません。「教員になりたいのに職業適性検査の結果，警察官が向いていると言われた」などと真剣に悩む学生がいますが，それでは結果をうまく生かしたことになりません。就職活動の参考資料でしかない職業適性検査に対して，「自分も知らなかった自分の適性を示してくれている」といった過大な思い込みを捨て，もしもその結果が自分の予想しない内容であっても，「そんな一面もあるかもしれない」といったように「可能性」として頭の片隅においておけばいいのです。

　一方，職場の人間関係など実際に就職しないとわからないことも少なくありません。希望の職種に就いても抱いていたイメージと違ってがっかりすることもあるでしょうし，逆に，やってみて初めてその良さを感じることもあります。平成15年度版国民生活白書（内閣府，2003）によると，実に大卒新入社員のうち3割強が就職後3年以内に離職しています。恐れていては何も変わりません。まずは，行動することから始めましょう。

基 礎 知 識

　武衛 (1977) は，職業適性 (vocational aptitude) を「一つの職業活動を効果的に遂行するのに必要な個人の特殊な能力，知識，態度，性格，体力，技能などの心身の特性である」と定義しました。また，職業指導の父と呼ばれるパーソンズ (Parsons, F., 1909) は，適材適所の考え方に立ち「人は自分自身を分析する力をもち，その分析に基づいて賢明な職業選択をすることができる」と考えました。彼の考えは，一般職業適性検査 (General Aptitude Test Battery: GATB) に生かされています。この検査は，中学生～45歳程度の成人を対象とした能力検査で，11種の筆記検査と4種類の器具検査によって9つの適性能（表3-1）を測定することができます。

表3-1　一般職業適性検査における9つの適性能

適性能	内　容
知的能力	理解，推理，判断といった一般的学習能力。
言語能力	言語の意味およびそれに関連した概念を理解し，それを有効に使いこなす能力。
数理能力	計算を正確に速く行なうとともに，応用問題を推理し，解く能力。
書記的知覚	文字や数字を直観的に比較弁別し，違いを見つけ，校正する能力。
空間判断力	平面図から立体形を想像したり，考えたりする能力，あるいは，物体間の位置関係とその変化を正しく理解する能力。
形態知覚	物の細部まで正しく知覚する能力，あるいは，図形などの細かい差異を弁別する能力。
運動能力	眼と手を共応させて，迅速かつ正確に作業を遂行する能力。
指先の器用さ	速く，正確に指を動かし，小さいものを巧みに取り扱う能力。
手腕の器用さ	物を取り上げたり，置いたり，持ち替えたり，裏返したりするなどの手腕を巧みに動かす能力。

　一方，個人の能力とともに職業選択に際して重要な要素となるのが興味とパーソナリティです。ホランド (Holland, J. L., 1985) はパーソナリティが職業環境の類型と一致すればより安定した職業選択がなされるという「職業選択理論」を提唱しました。この考えをもとに作成されたのがVPI職業興味検査 (Vocational Preference Inventory：VPI) で，結果は6つの興味領域（表3-2）に対する興味の程度と5つの傾向尺度（表3-3）がプロフィールで表示されます。

　以上，ここで紹介した検査以外にも実に多くの職業適性検査，職業興味検査が公刊されています。機会があればぜひ体験してみてください。

表3-2 6つの興味領域の名称とその内容

領域の名称	内　容
現実的興味領域	この類型の人は，機械操作や製造作業能力に恵まれ，パーソナリティは根気強く控えめな特徴があります。大工や電気技師といったような機械や物を対象とする実際的な職業を好みます。
研究的興味領域	この類型の人は，論理的思考力や数理的能力に恵まれ，パーソナリティは，合理的，分析的で独立心が強く，知的で几帳面な傾向があります。たとえば学者や学芸員などのような探索的，研究的な職業を好みます。
芸術的興味領域	この類型の人は，芸術的な才能や独創性に優れ，パーソナリティは，繊細で感受性が豊かな一方で，規則や習慣を重視しない面があります。職業としては，作家，音楽家，俳優などを好みます。
社会的興味領域	この類型の人は，対人関係能力に恵まれ，パーソナリティは，社交的で対他配慮に優れています。教師やカウンセラーのような対人的，社会的な仕事を好みます。
企業的興味領域	この類型の人は，指導力に優れ，表現力が豊かで，パーソナリティは野心的で，積極性に富んでいます。たとえば，セールス，企画，管理といった仕事を好みます。
習慣的興味領域	この類型の人は，高い事務処理能力をもち，パーソナリティは，協調的で几帳面な傾向があります。会計士や事務員といった規則や習慣を重視する仕事を好みます。

表3-3 5つの傾向尺度の名称とその内容

尺度の名称	内　容
自己統制尺度	自己の衝動的な行為や考えをどの程度統制しているかを示します。
男性-女性傾向尺度	伝統的な性役割にどの程度こだわっているかを示します。
地位志向尺度	社会的威信や名声，地位や権力をどの程度重視するかを示します。
稀有反応尺度	職業に対する見方がどの程度ユニークであるかを示します。
黙従反応尺度	どの程度幅広くさまざまな職業に関心をもっているかを示します。

やってみよう！ ―職業不決断尺度―

職業選択にについて，あなたの気持ち，考え方，あるいは日頃感じていることを「まったくあてはまらない」から「よくあてはまる」の中から一つ選び，○をつけてください。

	まったくあてはまらない	ややあてはまらない	どちらともいえない	ややあてはまる	よくあてはまる
【A尺度】					
1. 将来の職業を決めることに対して不安がある。	1	2	3	4	5
2. 将来，職業を決めることがうまくいくかどうか心配である。	1	2	3	4	5
3. どのようにして職業を決めればよいのかわからないので不安である。	1	2	3	4	5
4. 将来の職業を決めることがばくぜんとしていて不安である。	1	2	3	4	5
5. 就職先を決めることのむずかしさを考えると不安になる。	1	2	3	4	5

合計（　　　）

【B尺度】					
1. いろいろなことに興味があるので，どの職業を選んだらよいのかわからない。	1	2	3	4	5
2. 魅力ある職業がいくつもあるので，将来の職業を決められない。	1	2	3	4	5
3. 可能性のある将来の職業がたくさんあるので，どれにしたらよいのかわからない。	1	2	3	4	5
4. いろいろと考えすぎて，自分に合う職業が決まらない。	1	2	3	4	5
5. ほかの人の意見がいろいろとあるので，自分に合う職業を決めることができない。	1	2	3	4	5

合計（　　　）

【C尺度】					
1. 職業選択の問題は重要なことなので，誰かと相談したい。	1	2	3	4	5
2. 今までも重大な問題は親などと相談してきたので，職業選択の問題でも相談したい。	1	2	3	4	5
3. 自分一人で何かを決めた経験が少ないので，将来の職業について誰かと相談したい。	1	2	3	4	5
4. 将来の職業について，誰かと相談や話し合いをしたい。	1	2	3	4	5
5. 自分に合う職業を教えてくれるような検査を受けたい。	1	2	3	4	5

合計（　　　）

| | まったくあてはまらない | ややあてはまらない | どちらともいえない | ややあてはまる | よくあてはまる |

【D尺度】
1. 将来の職業について希望はあるが，それに親が反対するのではないかと心配である。　1　2　3　4　5
2. 思わぬことで希望する職業につくことができないかもしれないと不安である。　1　2　3　4　5
3. 将来の職業について，友達と意見が違うのではないかと配心である。　1　2　3　4　5
4. 社会の変化や景気の変動が，希望する職業に大きな影響を与えるのではないかと不安である。　1　2　3　4　5
5. 何かの影響で希望する職業につくことができなくなるのではないかと心配になる。　1　2　3　4　5

合計（　　）

【E尺度】
1. 就職先の決定は，運や偶然によって決まることが多い。　1　2　3　4　5
2. 就職先の決定は自分一人の力ではどうしようもない。　1　2　3　4　5
3. 自分の努力や能力よりも，他からの影響で職業が決まることが多い。　1　2　3　4　5
4. 自分だけでは，職業は決定できない。　1　2　3　4　5
5. 将来の職業のために積極的に努力するよりは，チャンスを待つ方がよい。　1　2　3　4　5

合計（　　）

【F尺度】
1. 自分の興味や関心がよくわからないので将来の職業が決まらない。　1　2　3　4　5
2. 自分の能力や適性がよくわからないので将来の職業が決まらない。　1　2　3　4　5
3. 就職した後での職業生活のようすがよくわからないので，将来の職業が決まらない。　1　2　3　4　5
4. 進路先を決めるために必要な具体的な情報がないので将来の職業が決まらない。　1　2　3　4　5
5. 自分のことについても，職業のことについても，よくわからないので，将来の職業が決まらない。　1　2　3　4　5

合計（　　）

	まったくあてはまらない	ややあてはまらない	どちらともいえない	ややあてはまる	よくあてはまる

【G尺度】
1. いままであまり職業のことを真剣に考えたことがない。　1　2　3　4　5
2. 将来のことはわからないから，職業のことは考えたくない。　1　2　3　4　5
3. 将来の職業のことを真剣に考えたことがない。　1　2　3　4　5
4. 将来，職業につかずに好きなことをしていたい。　1　2　3　4　5
5. 職業のことなど考えずに，自分の好きなことに集中していたい。　1　2　3　4　5

合計（　　　）

【H尺度】
1. 具体的な将来の職業を考えているが，採用試験が心配である。　1　2　3　4　5
2. 将来の職業についての希望は明確なのだが，採用試験に自信がない。　1　2　3　4　5
3. 希望する職業はあるが，これが最良なのかどうか不安である。　1　2　3　4　5
4. 希望する職業において十分に活躍できるかどうか不安である。　1　2　3　4　5
5. 職業選択のための準備が十分であったかどうか不安である。　1　2　3　4　5

合計（　　　）

清水（1989，1990）

結果の整理とふりかえり

Ⅰ．結果の整理

「よくあてはまる…5点」「ややあてはまる…4点」「どちらともいえない…3点」「ややあてはまらない…2点」「まったくあてはまらない…1点」の5点法でA～Hの各尺度の合計点を算出します（各尺度の合計得点は5～25点の間になります）。次に，それらの得点を図3-1にプロットし，それらを線で結ぶと「職業不決断プロフィール」が完成します。

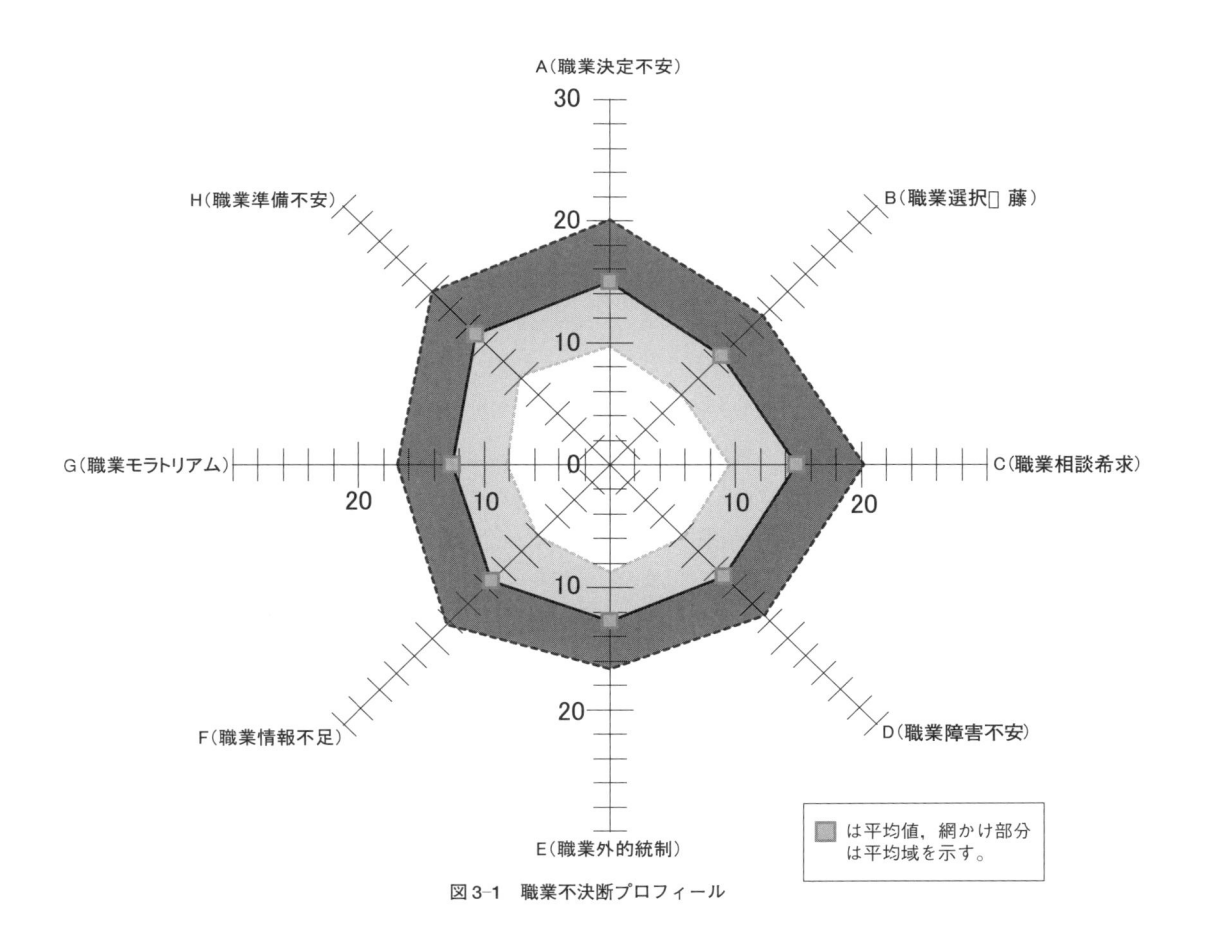

図3-1 職業不決断プロフィール

II. 解　説

　本尺度は，清水（1989，1990）の進路不決断尺度に関する研究のなかから，職業的進路意思決定に関する尺度だけを抽出したもので，職業の選択に際し，現在どのような問題があるかについて多次元的に分析するものです。次に尺度ごとの意味を解説しましょう。

　A（職業決定不安）尺度の得点が高いことは，職業選択の成否についての不安が高いことを示しています。その原因は，家族の理解の問題や健康の問題など一概にいえませんが，職業に関する情報不足や自己の適性分析が不十分な場合があります。職業アイデンティティの形成に向けて具体的な活動計画を立てましょう。

　B（職業選択葛藤）尺度の得点が高いことは，職業に対する興味がいまだ絞りきれていないことを示しています。職業興味検査などを利用して志望する業種を絞り込むことが大事ですが，柔軟に変更できるように最初は選択肢をある程度広げておくことも必要です。優柔不断な性格に起因している場合は別ですが，興味関心の幅が広いことを長所と考えて，いろいろなことに挑戦してみましょう。

　C（職業相談希求）尺度の得点が高いことは，職業選択にあたって他者への依存性が高いことを示しています。自分の意思をもたず，すべてを他者に委ねてしまうことは自立心の妨げになりますが，実際に多くの人は他者の力を借りながら進路を決定していくものです。ただし，あまり多くの人に相談するとかえって混乱することがあるので，信頼できる特定の誰かに相談する方がいいかもしれません。

　D（職業障害不安）尺度の得点が高いことは，職業決定不安尺度の場合と同様に，職業の決定に際して何らかの不安があることを示しています。ただ，多くの場合，その内容は自分自身の適性や能力の問題ではなく外的な要因ですので，自分の考えをしっかりもつことが重要です。もしもそれが人間関係に起因する場合は，その調整に努めましょう。

　E（職業外的統制）尺度の得点は，自己効力感や自己肯定感が不足している場合，あるいはそのうち何とかなるだろうという楽観的な考えをもっている場合に高くなります。いずれにしても意欲的に行動しない（できない）ことが多いので，チャンスを逃す可能性があります。人間関係を良好に保ち，時には他者に依存しながら問題を乗り越えていきましょう。

　F（職業情報不足）尺度の得点は，職業に関する知識の不足や自己の適性分析が不十分な場合に高くなります。したがって，インターネットなどを利用して情報の収集にあたったり職業適性検査や就職相談をうまく利用したりすることが必要になります。それでも自己の適性や興味がよくわからない場合は，給与や通勤時間などの諸条件をもとに就職先を決定し，実際に働くなかで自分の適性を模索することになるかもしれません。

　G（職業モラトリアム）尺度の得点が高いことは，職業選択以前の問題です。いくつかのアルバイト，ボランティア，あるいは一人旅などを経験することも有用でしょうし，映画や小説などを通して自分自身をふりかえることもよいかもしれません。いまだ就職の必要性がない環

境に自分が置かれている可能性もありますが，いずれにしても就職活動をする前にやるべきことがたくさんあるようです。

　H（職業準備不安）尺度は，職業決定不安尺度や職業障害不安尺度と違って，職業は決めているものの，就職にあたっての具体的な不安があることを示しています。情報不足に起因している場合は情報収集が必要ですし，採用試験が心配な場合は模擬試験や模擬面接などのシミュレーション練習やイメージトレーニングが効果的です。

Ⅲ．ふりかえり

・あなたの職業不決断プロフィールには，どのような特徴がありましたか。

・職業不決断プロフィールを参考に，職業選択に対するあなたの課題を考えましょう。

引用文献

赤木文男・大崎紘一・菊池　進　1975　ある適性検査からみた技能と作業能力との関係　日本経営工学会誌，**25**(4), 288-292.

日置咲夫　1994　資格試験合格者群と不合格者群とを分ける適性検査および性格検査の測定尺度　教育情報研究，**10**(1), 33-38.

Holland, J. L. 1985 *Making Vocational Choices: A Theory of Vocational Personalities and Work Environment*, 2nd ed. Englewood Cliffs, NJ: Prentice-Hall. （渡辺三枝子・松本淳平・舘　暁夫訳　1990　職業選択の理論　雇用問題研究会）

雇用職業総合研究所　1985　VPI職業興味検査手引　雇用促進事業団雇用職業総合研究所

内閣府　2003　平成15年度版国民生活白書　ぎょうせい

Parsons, F.　1909　*Choosing a Vocation*. Boston: Houghton Mifflin.

清水和明　1989　中学生を対象とした進路不決断尺度の因子的普遍性について　関西大学社会学部紀要，**21**(1), 143-176.

清水和明　1990　進路不決断尺度の構成　関西大学社会学部紀要，**22**(1), 63-81.

武衛孝雄　1977　職業適性の発達について　島根女子短期大学紀要，**15**, 29-34.

労働省職業安定局　1988　労働省編一般職業適性検査手引　改訂新版　労働省職業安定局

4 自分の将来イメージ

　「キャリア」という言葉をみなさんはどこかで見かけたり，聴いたりすることが多いのではないでしょうか。キャリアウーマン，キャリア組，キャリアアップ，キャリア教育，キャリア開発やキャリアカウンセリングなど，現在はキャリアとつく言葉があふれています。
　日本でこのようにキャリアという言葉が一般的になる前は，キャリアウーマンという言葉や国家公務員のキャリア組という言葉が比較的広くゆきわたっていたために，「キャリア」と聴くと職業とか専門的仕事といった内容を思い浮かべる方も多いのではないでしょうか。
　キャリア（career）という単語を英語の辞書で調べると，1.生涯，経歴，履歴　2.（特別な訓練を要する）職業，生涯の仕事　3.職業上の出世，成功……となっているように，実は広く「生涯，経歴」という意味があるのです。
　キャリア心理学という新しい心理学の分野では，この生涯発達の視点からキャリアという言葉をとらえています。また文部科学省が進めるキャリア開発やキャリア教育についても職業選択のみでなく，より広く生涯の人生設計を支援しようとする視点によるものです。
　すなわち「キャリア」とは「職業だけでなく，［見える価値］と［見えない価値］が結びついた個々人の生活歴の結果，すなわち，生涯の意志的な設計の道のり全体のこと」とされています（文部科学省，2004）。
　本書の総まとめとして本章では，自分の未来について考えてみましょう。

基礎知識

キャリア教育とは

　最近，学校教育の場では小学校から「キャリア教育」の視点が導入されています。これは2003年の文部科学省による「若者自立・挑戦プラン」などにおける柱として「キャリア教育」が取り上げられたことが大きく関係しています。

　文部科学省によると「キャリア教育」とは「子どもたちが《生きる力》を身につけ，明確な目的意識を持って日々の学業生活に取り組む姿勢，激しい社会の変化に対応し，主体的に自己の進路を選択・決定できる能力やしっかりとした勤労観，職業観を身につけ，それぞれが直面するであろう様々な課題に柔軟にかつたくましく対応し，社会人・職業人として自立していくことができるようにするため」の教育として位置づけられています。

　具体的には以下のような計画が推進されています。

「若者自立・挑戦プラン」（キャリア教育総合計画）の推進
〜初等中等教育からフリーターまでそれぞれに応じた適切な支援を展開〜

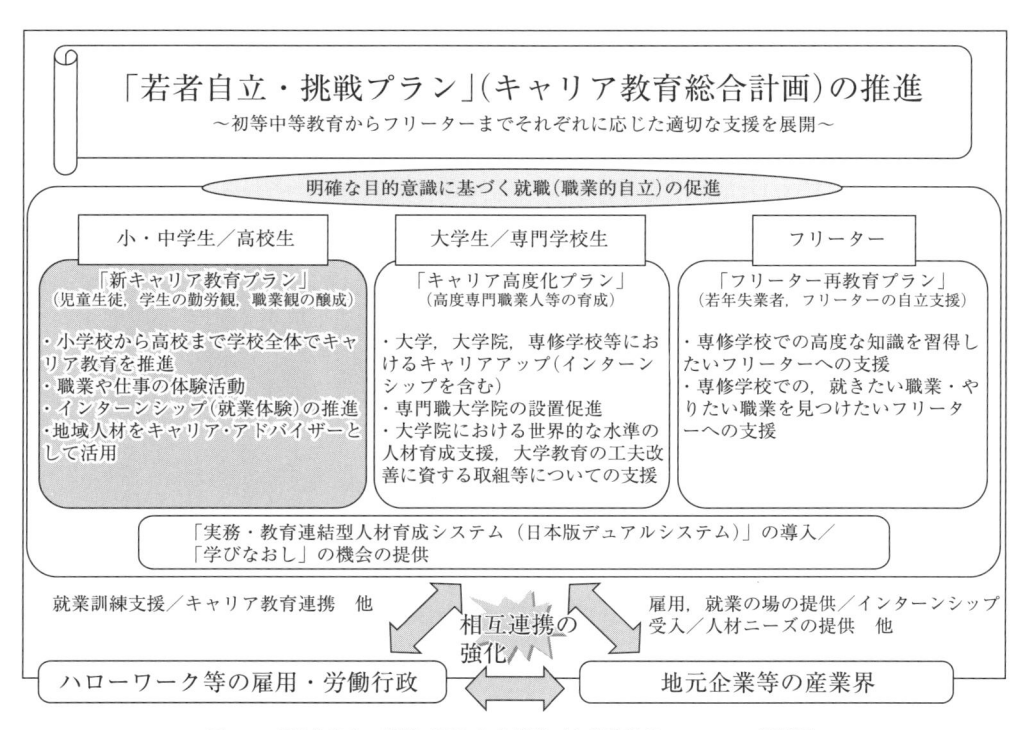

明確な目的意識に基づく就職（職業的自立）の促進

小・中学生／高校生
「新キャリア教育プラン」
（児童生徒，学生の勤労観，職業観の醸成）
・小学校から高校まで学校全体でキャリア教育を推進
・職業や仕事の体験活動
・インターンシップ（就業体験）の推進
・地域人材をキャリア・アドバイザーとして活用

大学生／専門学校生
「キャリア高度化プラン」
（高度専門職業人等の育成）
・大学，大学院，専修学校等におけるキャリアアップ（インターンシップを含む）
・専門職大学院の設置促進
・大学院における世界的な水準の人材育成支援，大学教育の工夫改善に資する取組等についての支援

フリーター
「フリーター再教育プラン」
（若年失業者，フリーターの自立支援）
・専修学校での高度な知識を習得したいフリーターへの支援
・専修学校での，就きたい職業・やりたい職業を見つけたいフリーターへの支援

「実務・教育連結型人材育成システム（日本版デュアルシステム）」の導入／「学びなおし」の機会の提供

就業訓練支援／キャリア教育連携　他　　　　　雇用，就業の場の提供／インターンシップ受入／人材ニーズの提供　他

ハローワーク等の雇用・労働行政　⇔相互連携の強化⇔　地元企業等の産業界

図4-1　「若者自立・挑戦プラン」の推進（文部科学省，2003，一部引用）

自分のキャリアを考える―職業人としての人生―

　最近の女性向けファッション雑誌に「働き続ける人生って幸福ですか？」という特集がありました。30代後半から40代女性を中心としたこの雑誌の読者層のうち30％以上が「できる限り長く仕事を続けたい」と回答しているそうです（Precious, 2005）。実際，日本の全雇用者のうち約40％は女性で占めています（総務省統計局，2005）。

　「フリーター」や「ニート」といった言葉が一般用語となっている現代において，専門学校や大学を選択する際にも「就職率の高さ」が魅力の1つとなっているようです。しかし一方で，就職したものの3年以内に仕事を辞める離職率が増加しつつあるのも事実です。

　さて働くことの理由はさまざまです。もちろんもっとも多い理由は「経済的に働くことが必要」というものでしょう。その他「仕事が生きがい」「健康に過ごせる」「時間の余裕がある」「人間関係の広がり」「楽しみ」など，なぜ働くのかについては人によって千差万別といえるかもしれません。

　なぜ働くのか，どのような働き方のスタイルを選択するのか，進路を決める際に，自分にとっての働く理由や働き方を考え，働く人生についての見通しを立てることも大切なことでしょう。

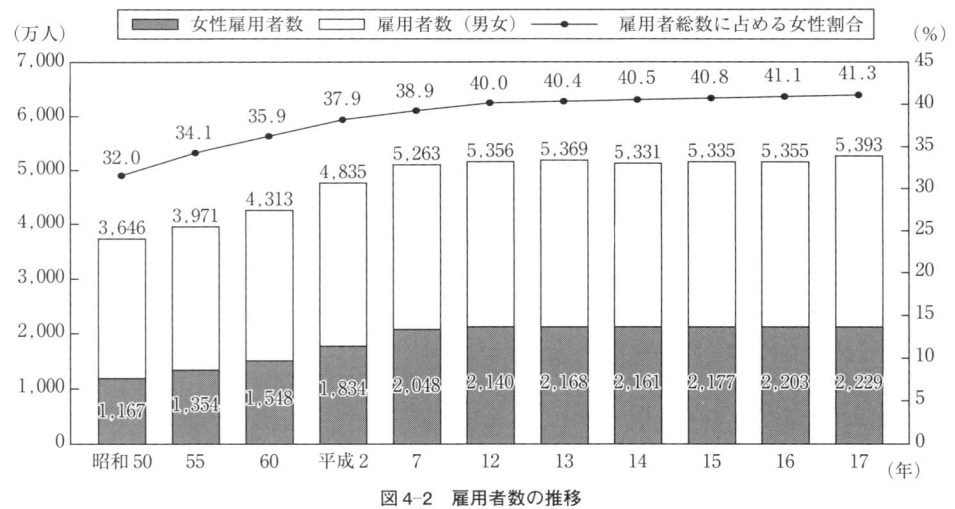

図4-2　雇用者数の推移
（資料出所：総務省統計局，2005「労働力調査」）

年	女性雇用者数（万人）	雇用者数（男女）（万人）	雇用者総数に占める女性割合（％）
昭和50	1,167	3,646	32.0
55	1,354	3,971	34.1
60	1,548	4,313	35.9
平成2	1,834	4,835	37.9
7	2,048	5,263	38.9
12	2,140	5,356	40.0
13	2,168	5,369	40.4
14	2,161	5,331	40.5
15	2,177	5,335	40.8
16	2,203	5,355	41.1
17	2,229	5,393	41.3

自分のキャリアを考える―家庭人としての人生―

　独身男性を対象とした最近の調査によると（厚生労働省，2006），独身男性が期待する女性の生き方で最も多いのは「出産後，いったん退職し子育て後に再就職」の39％です。次いで「結婚・出産後も仕事を両立」の28％で，「専業主婦」は13％と過去最低でした。仕事と育児

の両立を期待する独身男性が調査のたびに増加していることが明らかになりました。また女性自身も両立を望む女性は全体の30％と増加し，専業主婦を望む女性は19％でした。

　ある経済新聞に「葛藤を超えて家庭に入れ」という男性にとってはいささかセンセーショナルとも受け取れる見出しで米国の米戦略国際問題研究所副所長のK.キャンベル氏のインタビュー記事が掲載されていました。そのなかで氏は「女性が結婚にベネフィット（利益）を感じられるようにすべきです。そのためには男性がもっと家庭にかかわらなければなりません。……独身時代には当たり前だったこと，たとえば友人と飲みに行くことや……旅行に行くことなど随分あきらめたこともありました。しかしそれは私に新しい責務が生じたためにほかなりません。今の私にとっては自分の家庭で過ごす時間はとても大切です。妻は私にとって単なる伴侶ではなくパートナーなのです」と語っています（日本経済新聞，2005）。

　家庭人としての自分についての人生設計もまたキャリアを考える上でとても重要な側面となってくるといえるでしょう。

自分のキャリアを考える—「～としての自分」の人生—

　本書の第Ⅰ部第5章「自己をつかむ」の項でも勉強しましたが，青年期はそれまでの自己を統合し，これからの自己へとつなげる時期でもあります。これをエリクソンは「自我同一性」という言葉で説明しています。つまりこれまで築いてきた「～としての自分」とこれから築こうとする「～としての自分」を統合させて，将来を見通してみる作業が青年期には大切な課題となるのです。もちろん，その見通しは，これからのさまざまな体験を経て修正，方向転換されてゆく柔軟性をもったものでもあるはずです。

　図4-3, 4, 5, 6は女性の就職に関する資料や失業率の推移です。人生設計や職業選択を考える際に，こうした客観的な資料を参考にして現実的に考えてみることも大切なことといえます。

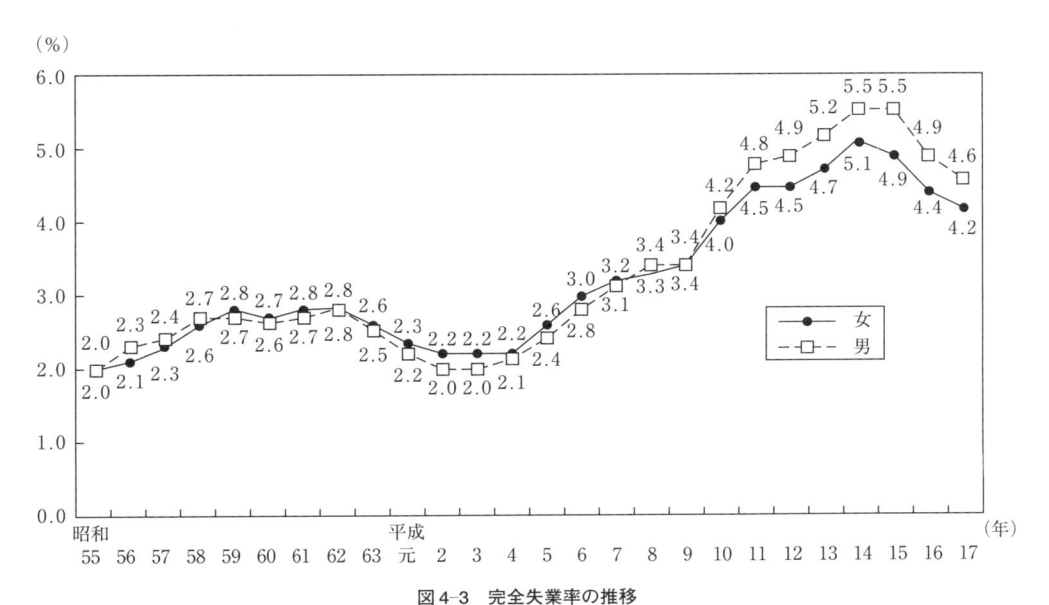

図4-3　完全失業率の推移
（資料出所：総務省統計局，2005「労働力調査」）

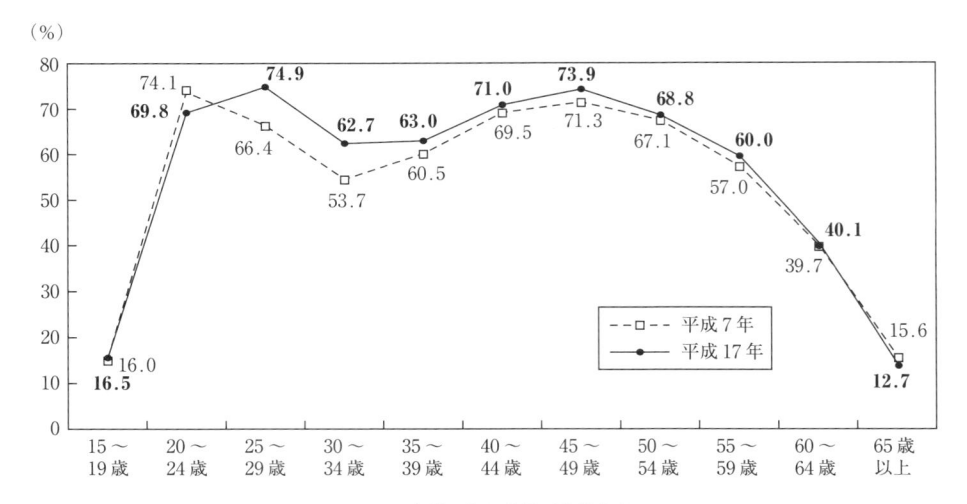

142　第Ⅲ部　未来との出会いとかかわり

図4-4　女性の年齢階級別労働力率
（資料出所：総務省統計局，2005「労働力調査」平成7，17年の比較）

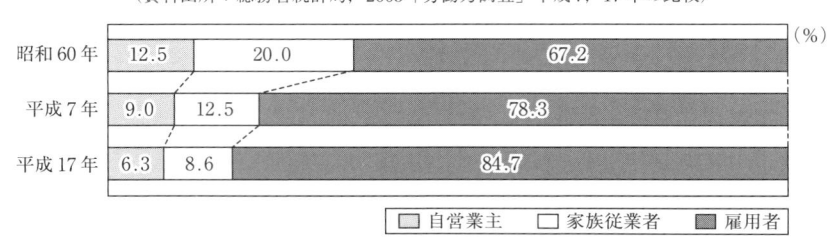

図4-5　従業上の地位別女性就業者の割合
（資料出所：総務省統計局，2005「労働力調査」昭和60，平成7，17年）

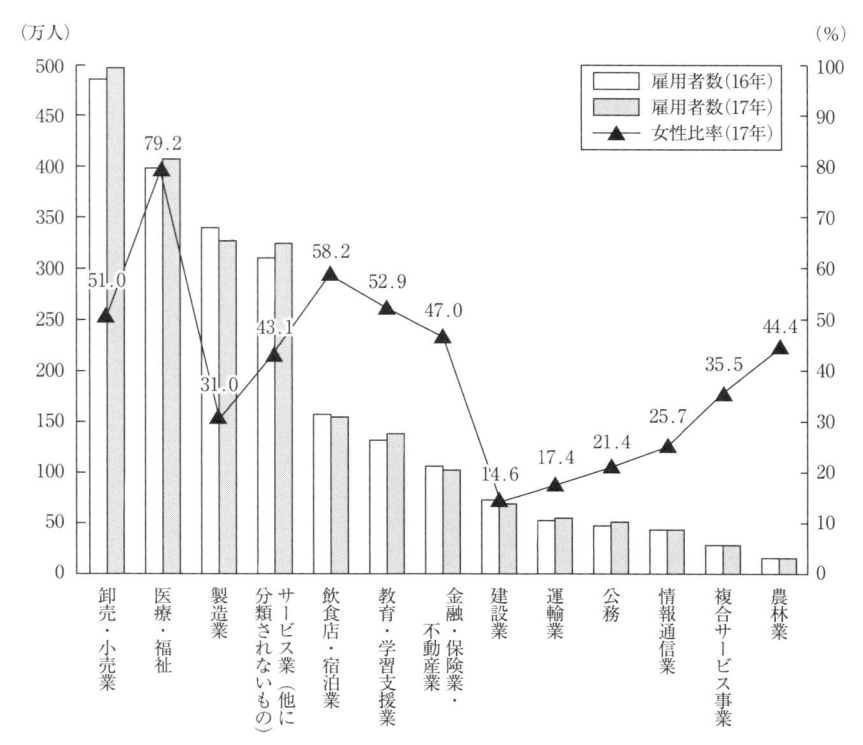

図4-6　産業別女性雇用者数および女性比率
（資料出所：総務省統計局，2005「労働力調査」平成16，17年）

やってみよう！ ―私の人生設計・その２―

　本書の総まとめの意味も含めてもう一度あなた自身の人生設計をしてみましょう。
　これは本書を読み始める前に記入した「私の人生設計」のその２です。各項目について現在のあなたの状態を記入し，5年後の自分，10年後の自分……そして60代の自分まで，できるだけイメージをふくらませて多くの欄を埋めるようにしてみてください。本書を読み進めるなかで深めてきた自己理解をふりかえりながら記入してみましょう。

私の人生設計—その2

年　月　日　　　氏名

年代	現在	20代前半・後半	30代前半・後半	40代前半・後半	50代前半・後半	60代・70代
就職・進路						
親との関係 ―子どもとしての自分―						
職業人としての自分						
恋愛・結婚						
パートナーとしての自分						
子どもの誕生・子育て―親としての自分―						
一個人としての自分						
その他						

第4章 自分の将来イメージ

結果の整理とふりかえり

Ⅰ．結果の整理

できあがった人生設計をふりかえり以下の問いに答えてください。

(1) もっとも埋めることのできた自分はどのような自分だったでしょうか？

(2)「現在」の項目はすべて埋まりましたか？

(3) 全体を見渡して，どの年代までほぼ埋めることができたでしょうか？

(4) 全体にどの程度（何％程度）空欄を埋めることができたでしょうか？

(5) 人生の統合期である60代・70代を埋めることはできましたか？ あるいは埋めることができた項目は何だったでしょうか？

(6) 本書を読み始める前に記入した「私の人生設計・その1」と比べて，どのような変化がありましたか？

Ⅱ．解　説

　全体にどの程度埋めることができたでしょうか？　現在のあなたが見通しとして描くことのできる人生設計の程度ということになります。空欄の多い方，あるいは現在の状態についても空欄の多い方は，今一度，現在の自分について見直し，そして将来の設計図を少し意識して考える時間を設けてみましょう。

こうした人生設計図はこれからときどき，人生を立ち止まりこれまでをふりかえりつつ今後を見通すために自分でやってみるとよいでしょう。この表に書き加えあるいは修正してゆくのもよいと思います。

60代・70代になったときに，この人生設計図を開いてみてください。そのとおりの人生だったでしょうか？

Ⅲ．ふりかえり

・この章を終えて，あなたはどのような自分に気づきましたか？

_____
_____
_____
_____

・それは，どのような結果によって気づきましたか？

_____
_____
_____
_____
_____

引用文献
文部科学省　2003　若者自立・挑戦プラン報告　http://www.mext.go.jp/
文部科学省　2004　多様なキャリアが社会を変える　第2次報告のポイントリーフレット
総務省　2005　「労働力調査」報告資料
Precious（7月号）　2005　働き続ける人生って幸福ですか？　小学館
日本経済新聞　2005　インタビュー「領空侵犯」　2005年7月4日朝刊
厚生労働省　2006　厚生労働省　「出生動向基本調査」

メンタルヘルスのページ

「ニート（NEET）」

　D男は，25歳になる男性です。彼は高校を卒業した後，アルバイトもせずに家で過ごしていました。ときどき街へ出て買い物をしたり，本屋やレンタルビデオ店へは行くものの，ほとんど一人で家の中で過ごしてきました。

　彼は，小学校の5年生の2学期から不登校となり，病院の心理相談室を訪れました。表だった原因があるわけではなく，朝起きて学校へ行くことがなんとなくおっくうになって行かなくなってしまいました。どうやら生活習慣がきちんと確立していないように思われました。両親も心配はしているのですが，D男を学校へ促すことができずに手をこまねいていました。

　中学校へ入っても不登校状態は続き，児童精神科へ入院することになりました。入院してからは，自分の身の回りのことも自分で行ないながら併設されている養護学校へ登校できるようになり，そのまま高校へも進学しました。高校を卒業した後は，職業訓練校へ通い，合宿形式のトレーニングも立派にこなすことができました。

　トレーニングを受けた後は自宅に戻り，工場へ就職することになりましたが，2週間ほどでやめてしまいました。このときの理由はあいまいなものでした。その後，アルバイト雑誌を見ては就職をしようとしますが，最初の電話がかけられずに実現できませんでした。

　心理相談室の面接には約束した時間より前にきちんと訪れますが，自分がどうして動けないのか言語化することが難しく，進展が見られません。周囲が動いて就職の話が具体化すると，いろいろな理由を持ち出して，回避してしまいます。

　D男の状態は，「ニート（NEET：Not in Employment, Education or Training）」と判断されます。NEETは，教育にも労働にもまた，職業訓練にもかかわらずに過ごしている状態をさします。そのなかには，ひきこもりの状態の場合や，享楽的な活動には参加している非行タイプのものも含まれます。

　ニートをうみだす原因については，社会的構造の変化や基礎となる対人関係の問題などさまざまな要因が指摘されていますが，D男も対人関係に消極的で回避的な傾向が見られ，現実社会での活動が困難なようです。入院や合宿といったように環境から枠をはめられると，受動的には適応ができるのですが，自発的もしくは能動的に活動することは苦手なようです。

　心理面接ではそういったD男自身の特徴について取り扱い，自己理解を経て，再び職業訓練を受け，そこのスケジュールにそって動き出すことができました。現在は嘱託ではありますが，就職を実現して生活しています。

「人生のパートナーと家族のシナリオ」

人生のパートナーを考える

現代では「事実婚」という言葉が生まれたように，法的な婚姻関係を選択しないカップルも増えているようです。その理由は経済的に自立していたい，戸籍上の苗字と仕事の苗字の使い分けの煩わしさ，子どもを必要としないので婚姻に意味がない，などさまざまです。現代の若者にとって人生のパートナーとの関係に複数の選択肢ができたことは選択の自由が広がると同時に，一方で選択に対する覚悟を必要とするようになったといえるのかもしれません。

パートナーは必要だろうか？

事実婚の実数を把握することは困難ですので，ここでは法的な婚姻関係の統計をもとに考えたいと思います。図1は生涯を未婚で暮らす人の割合です。1960年には男性はわずか1.3％，女性は1.9％でした。しかし男性においては1980年以降急激に増加し，2005年には16％の人が生涯未婚であることが示されています。女性においてはゆるやかに増加し，2005年には7％の人が生涯未婚ということになります。

図2は平均初婚年齢の変化です。2005年には男性は31歳，女性は29歳となっています。20代から約50年という人生をパートナーと共に歩むのか，あるいは生涯を未婚で歩むのか，あるいは途中で別れてやり直すという人生を歩むのか，予定どおりには必ずしもいかないかもしれません，しかしそのときどきの人生設計は大切にしたいものです。

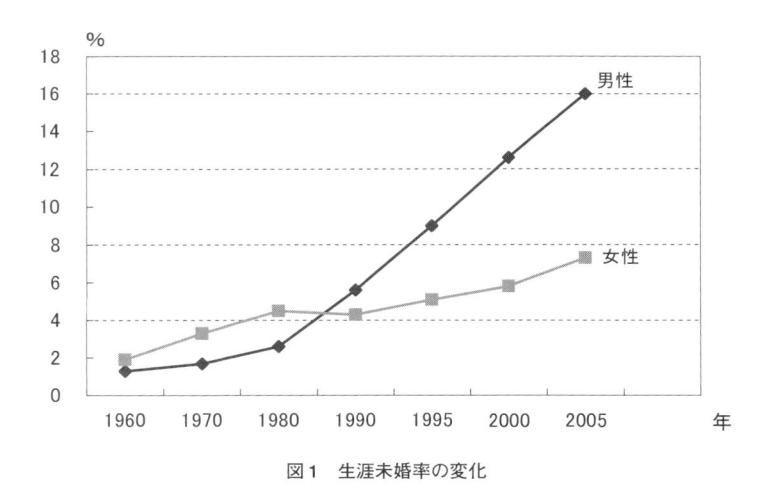

図1　生涯未婚率の変化

図2　初婚年齢の変化

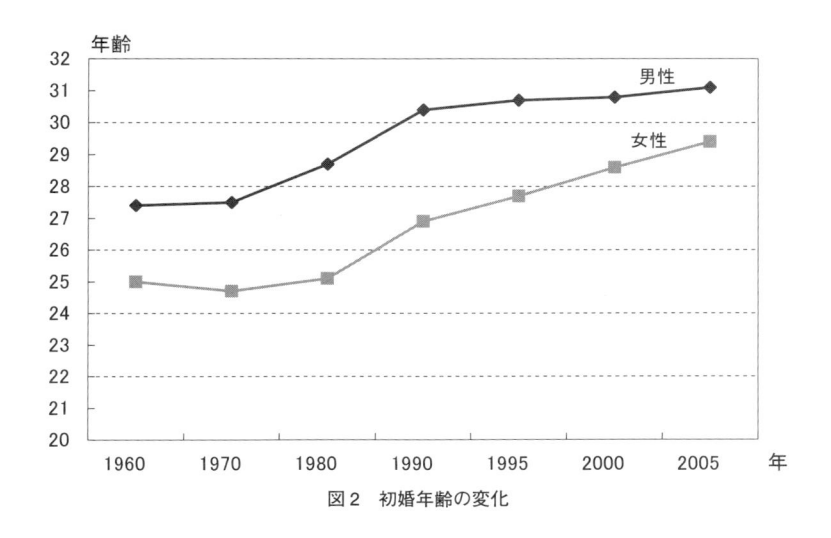

家族のシナリオ

「出生率の低下」の話題がマスコミに取り上げられることの多い最近です。日本の合計特殊出生率は1960年代には2以上であったものが，2005年には1.26まで低下しています。合計特殊出生率とは15歳以上の出産年齢期にある女性の人口で出生児数を割ったものです。したがって，婚姻関係にある女性が実際に子どもを何人出産するのか，という数値とは異なります。図3は配偶者のある女性の年齢別にみた出生児数の変化を示したものです。総数は1972年が1.93に対して，2005年は1.77です。実際には結婚している女性は2人以上の子どもがいることも多いことがわかります。

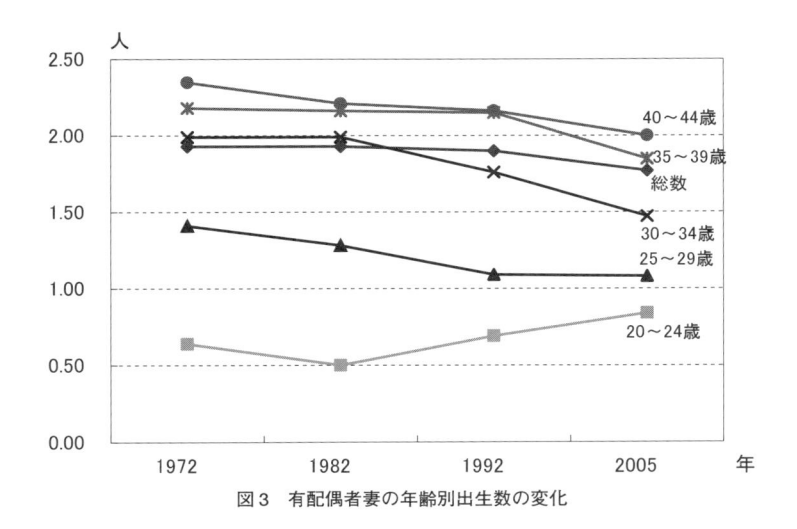

図3　有配偶者妻の年齢別出生数の変化

一昔前に「ディンクスカップル（Double Income No Kids）」という言葉が流行りました。つまり夫婦共働きで子どもはつくらず，収入は自分たちのためだけに消費するカップルというわけです。平日はスーツをきめてカッコ良く仕事し，夜はおしゃれなバーでワインを傾け，休日は優雅なホテルで過ごすといった生活に，あこがれる若者も多いのではないでしょうか。

　長い人生の設計図を描いてみるときに，人生のパートナーについてあるいは家族についてのシナリオもぜひ考えてみてください。

文献
国立社会保障・人口問題研究所　2007　人口統計資料（2007年版）　国立社会保障・人口問題研究所

索 引

人名索引

A
赤木文男　129
Allport, G. W.　8
新井邦次郎　97
Asch, S. E.　61

B
Berne, E.　22
Blos, P.　110
Bowlby, J.　66
Brod, C.　44

C
Campbell, K.　141

D
Defoe, D.　113
Dusay, J. M.　23

E
Erikson, E. H.　45-50,121,141

F
Festinger, L.　62
Freud, S.　10,11,21,29,30,48,62
Fromm, E.　115
古川竹二　12

G
Guilford, J. P.　9

H
Hall, E. T.　72
Harlow, H. F.　64
橋本　剛　97
Hays, R. B.　98

Hazan, C.　69
Heider, F.　62
日置咲夫　129
Holland, J. L.　130
Horney, K.　80,81,85,86

J
Johnson, A. M.　78
Jung, C. G.　9,30,31

K
梶田叡一　36
加藤　厚　51
Kretschmer, E.　8,9
Kuhn, M. H.　18
栗原　彬　97

L
Levinger, G.　73

M
Mahler, M. S.　65,110
Marcia, J. E.　53,54
宮下一博　111,112
村松　励　95
Murray, H. A.　14

N
鍋田恭孝　115
西平直喜　81,83

O
落合良行　96
岡田　努　115
小此木啓吾　45,97

大橋正夫　61

R
Rorschach, H.　14
Rosenzweig, S.　14

S
桜木幸枝　19
Selman, R. L.　92
Shaver, P.　69
清水和明　136
園田雅代　48
Spitz, R. A.　64
杉田峰康　25
鈴木伸子　93

T
武衛孝雄　130
詫摩武俊　66
戸田弘二　68,69

U
上野行良　97

V
Vygotsky, L. S.　123,124

W
渡部玲二郎　93
Winnicott, D. W.　63

Y
山田ゆかり　19
山岸明子　93
山本銀次　88
吉森　譲　72

事項索引

あ
愛着理論　65,66
アイデンティティの拡散　111
アサーション　105
一般職業適性検査　130
印象形成　61
SST　88
SCT　15

か
介護　121
外在化　81
学校　58
学校教育　58
学校嫌い　78
家庭教育　58
記憶　123
基本的葛藤　81
基本的信頼　58
基本的不安　80
脚本分析　23
キャリア教育　139
共有活動　105
携帯電話　97
ゲーム分析　23
構造分析　23
構造論　10
合理化　11
交流パターン分析　23
コンプレックス　31

さ
作業検査法　15
自我状態　22
自我同一性　46
自我の防衛機制　31
自己愛　36
自己開示　97,115
自己受容　36
自己の不確実性　95
自己評価　36
自尊心　36
疾風怒濤　96
質問紙法　13
児童虐待　107
社会的スキル　88
集団内自閉　115
集団への所属　119
自由連想法　30
出生率　149
準拠集団　119
昇華　11
少年非行　95
職業訓練校　147
職業選択理論　130
職業適性　130
職業的同一性　48
所属感　115
神経症　30
神経症的欲求　80
人生設計　143
心的装置　10
心理学的タイプ論　9
親和欲求　105
スチューデント・アパシー　57
性格　8
精神分析　30
青年期　110,114
青年期の課題　110
世代間伝達　107
躁うつ気質　8
創造的活動　123
創造力　122
想像力　122

た
退却神経症　57
退行　11
対象関係論　62
対象恒常性　65
対人態度　79
対人地図　74
対人認知　60
対人魅力　62
第二の分離－個体化　110
単純接触効果　98
知性化　11
TAT　14
TST　17
DV　107
テーマ　30
テクノ依存症　44
テクノストレス　44
テクノ不安症　44
テスト・バッテリー　15
同一化　11
同一性拡散　47
同一性障害　57
投影　11
投映（影）法　14
同調欲求　105
特性論　9

な
内的作業モデル（IWM）　66
ニート　114,129,147
ネグレクト　107
粘着気質　8

は
パーソナリティ　8
　　──検査法　13
バウム・テスト　15
発達課題　48
発達障害　78
バランス理論　62
反動形成　11
P-Fスタディ　14
ひきこもり　114,147
VDT　44
VPI職業興味検査　130
不登校　78,147
分離－個体化理論　65
分裂気質　8
平均初婚年齢　148
防衛機制　11

ま，や，ら，わ
無意識　29,30
モラトリアム　47
優越感　36
夢の分析　30
抑圧　11
類型論　8
劣等感　36
ロールシャッハ・テスト　14
YG性格検査　9,13

あ と が き

「出会いとかかわりのワーク」いかがでしたか？

「自分とは？　自分らしい生き方とは？」という問いは，自分にとってもっとも近くてもっとも大切で，そしてもっとも難しい問いであるのかもしれません。生涯を通しての問いかけともいえるでしょう。

そうした難しい問いかけに答えを見いだすのは容易なことではありません。ただひとつ言えることは，「いろいろな人と出会い，かかわり，さまざまな体験を重ねる」ことが「確かな自分」にとってとても大切なことだということです。

本書が，みなさんの出会いやかかわりをふりかえり，自己と出会い，そしてこれからの人生設計にお役に立てたなら幸いです。

みなさんのワークやふりかえりが書き込まれたこのテキストは，思い出のアルバムとして大切に保管してください。そしてときどき，そっと開いて懐かしい自分にも出会ってみてください。

みなさんが，これからも多くの人と出会い，かかわり，そして自分らしく生きることができることを祈って……。

著 者 一 同

執筆者紹介

川瀬正裕
　愛知県生まれ
1981年国際基督教大学大学院教育学研究科博士課程前期修了
教育学修士
現在　金城学院大学人間科学部教授
専門は児童・思春期の心理臨床
主な著書
　心とかかわる臨床心理［第3版］－基礎・実際・方法－（共著　ナカニシヤ出版）
　これからの心の援助－役に立つ基礎と技法－（共著　ナカニシヤ出版）
　統合保育の展開（共著　コレール社）
　21世紀の心理臨床（共著　ナカニシヤ出版）
　医療のなかの心理臨床（共著　新曜社）

松本真理子
　静岡県生まれ
2003年名古屋大学大学院教育発達科学研究科博士課程後期修了
博士（心理学）
現在　名古屋大学名誉教授
専門は子どもの臨床心理学
主な著書
　心とかかわる臨床心理［第3版］－基礎・実際・方法－（共著　ナカニシヤ出版）
　これからの心の援助－役に立つ基礎と技法－（共著　ナカニシヤ出版）
　臨床心理査定学（臨床心理学全書2巻　共著　誠信書房）
　子どものロールシャッハ法（共編著　金子書房）
　うつの時代と子どもたち（現代のエスプリ　編著　至文堂）ほか

丹治光浩
　兵庫県生まれ
1989年浜松医科大学精神神経科学研究科修了
博士（医学）
現在　花園大学地域連携教育センター長社会福祉学部臨床心理学科教授
専門は臨床心理学
主な著書
　医療カウンセリング　（共著　日本文化科学社）
　こころのワーク21　（単著　ナカニシヤ出版）
　臨床心理学　（単著　近畿大学豊岡短期大学）
　心理学ああだ、こうだ　（編著　法研）
　失敗から学ぶ心理臨床　（編著　星和書店）
　心理臨床の本音を語る　（編著　ナカニシヤ出版）
　心理臨床実践における連携のコツ　（共著　星和書店）
　養護内容　（共著　北大路書房）
　心理療法を終えるとき　（編著　北大路書房）

これからを生きる心理学
「出会い」と「かかわり」のワークブック

2008年 4 月20日　初版第 1 刷発行	定価はカヴァーに
2023年 3 月30日　初版第15刷発行	表示してあります

著　者　　川瀬　正裕
　　　　　松本真理子
　　　　　丹治　光浩
発行者　　中西　　良
発行所　　株式会社ナカニシヤ出版
　　　　　606-8161　京都市左京区一乗寺木ノ本町15番地
　　　　　telephone　075-723-0111
　　　　　facsimile　075-723-0095
　　　　　郵便振替　01030-0-13128
　　　　　URL　　http://www.nakanishiya.co.jp/
　　　　　E-mail　iihon-ippai@nakanishiya.co.jp

写真・太田貴士／装丁・白沢　正／印刷・㈱吉川印刷工業所／製本・藤沢製本
Copyright © 2008 by M. Kawase, M. Matsumoto, & M. Tanji
Printed in Japan
ISBN978-4-7795-0214-9　C3011

◎本書のコピー，スキャン，デジタル化等の無断複製は著作権法上での例外を除き禁じられています。本書を代行業者等の第三者に依頼してスキャンやデジタル化することは，たとえ個人や家庭内での利用であっても著作権法上認められておりません。